Meine Eltern

Es war im Jahre 1900.
In einem Abteil des D-Zuges Berlin–Wiesbaden saß ein junges Mädchen, das in einem französischen Roman las – ihr gegenüber ein Leutnant in seidenem Renndress, neben ihm seine Mutter. Der Leutnant las ebenfalls in einem französischen Buch. In der Ecke an der Tür saß eine Korsin. Das junge Mädchen versuchte vergeblich, den Titel des Buches zu erspähen, das ihr Gegenüber las. Bald ging die alte Dame mit ihrem Sohn in den Speisewagen. Die Korsin wandte sich zu dem jungen Mädchen und sagte: «Diesen Herrn, der eben hinausgegangen ist, werden Sie heiraten.»

Die Geschichte klingt wie aus einem Zehn-Groschen-Roman, aber dennoch waren es meine Mutter, mein Vater und meine Großmutter, von denen hier die Rede ist.

Kurze Zeit nur waren der Leutnant und seine Mutter fort, als die alte Dame zurückkehrte und das junge Mädchen im Auftrag ihres Sohnes zum Essen einlud.

In Wiesbaden trennte man sich – der Leutnant fuhr zum Rennplatz, das junge Mädchen setzte seine Reise fort.

In dem Rennen stürzte mein Vater und brach sich mehrere Wirbel. Solche Stürze waren damals gefährlicher als heute. Meine Großmutter sandte ein Telegramm an das junge Mädchen, meine Mutter, in dem sie darum bat, sie möge rasch nach Wiesbaden kommen, um ihn noch einmal zu sehen. Aus diesem Besuch wurde eine Verlobung am Krankenbett.

Zehn Jahre mußten meine Eltern auf die Heiratserlaubnis warten. Um heiraten zu dürfen, mußte ein Offizier damals eine Kaution von 10000 Mark stellen. Keiner von den beiden Verlobten hatte so viel Geld. Schon schien es, als ob die Ehe niemals zustande kommen würde, da heiratete der Bruder meiner Mutter, der Militärattaché in Washington war, eine reiche Eisenhüttenbesitzerin, Kätchen Wagenführ aus Seerhausen bei Riesa. Sie war nicht nur reich, sondern auch gütig und gab meinen Eltern sofort das nötige Geld zur Heirat. Sie besaß die Tangerhütte, heute noch eine der ergiebigsten Eisenhütten der DDR.

Weitere vier Jahre dauerte es, bis ich in Erscheinung trat – gerade zu Beginn des Ersten Weltkrieges, mein Vater war schon mit seinem Regiment nach Frankreich unterwegs.

In den letzten Jahren vor dem Krieg war mein Vater Kommandeur der Militärreitschule Paderborn gewesen, die eine Filiale der Kavallerieschule Hannover war. So kam ich in Paderborn zur Welt.

Ich erinnere mich genau an das Haus in der Neuhäuser Straße 44, mit seinem Pferdestall, seinem großen Garten mit Kletterbaum, in dessen dichter Krone man sich gut verstecken konnte.

Voriges Jahr suchte und besuchte ich dieses Haus. Alles erschien mir winzig klein wie ein Puppenhaus und ein Puppengarten. Auf der Straße, auf der ich Kreisel und Reifen gespielt hatte und auf der die «Krümperwagen», von einem Unteroffizier gelenkt und mit gutgepflegten Pferden bespannt, vorübergezogen waren, flutete jetzt der Verkehr.

In dem Pferdestall hatten die beiden Rennpferde meines Vaters gestanden, betreut von einem Polen, der mit seiner Familie über diesem Stall wohnte.

Der Pole hatte einen Sohn, den ich nicht leiden konnte. An meinem vierten Geburtstag ging ich morgens auf den Hof, der zwischen Haus und Garten lag. Auf der niedrigen Umfassungsmauer der Mistkuhle kniete der Polenjunge und schaute hinunter. Ich schlich mich leise von hinten heran und schubste ihn in die Grube. Da unten lag auf dem weichen Mist eine Konservendose mit scharfen Kanten. Er fiel mit der Stirn auf den Rand der Dose und bekam eine riesige Schnittwunde, die im Krankenhaus genäht werden mußte.

Wie meine Mutter auf diese heimtückische Tat reagiert hat, weiß ich nicht mehr, aber ich habe in meinem ganzen Leben diese Untat nicht vergessen und nie begreifen können, wie ich sie überhaupt begehen konnte. Auch weiß ich nicht, warum ich diesen Polenjungen gehaßt habe. In meinem weiteren Leben habe ich von polnischen Menschen, mit denen ich viele Jahre später zusammenlebte, nur Gutes erfahren.

In diesem Haus meiner Kindheit wohnte im oberen Stockwerk eine Familie von Ditfurth. Ihre Töchter, Inge und Christa, konnten durch ein Sprachrohr nach unten rufen, und so führten wir sogar im Bett Gespräche. Das war sehr wichtig, denn ich hatte damals ständig Angst, ein Mann zu werden. Jeden Abend fragte ich die ältere Ingeborg durch das Sprachrohr: «Werde ich auch bestimmt kein Mann?» Die Antwort war immer tröstlich.

Herr von Ditfurth war auch in Frankreich. Wie wir damals sagten: «Mein Vater ist im Krieg.» Ich kann mich an diese Worte so gut erinnern, weil es nur zwanzig Jahre, nein, nicht einmal zwanzig Jahre dauerte, bis ich sagen mußte – wie so viele andere auch: «Mein Mann ist im Krieg.»

Die Familie von Ditfurth spielte eine bedeutende Rolle in meiner Kindheit. Sie hatten außer der Paderborner Wohnung ein bäuerliches Anwesen an einem der großen mecklenburgischen Seen. Dort war ich oft mit Inge und Christa zusammen. Das kleine Anwesen lag nahe bei Gut Drosedow, das den Mitzlaffs gehörte. Sven und Monika von Mitzlaff kamen gemeinsam auf einem Vollblut-Schimmelhengst zu Ditfurths geritten. Auf dem Rücken des Hengstes lag ein Sack, darauf durfte Moni sitzen, Sven saß hinter ihr und hielt die Zügel. So ritten sie auch in den See hinein und schwammen gemeinsam mit dem Hengst. Heute ist Sven einer der bedeutendsten Trainer in der Rennwelt; Ingeborg von Ditfurth heiratete einen Graf Pahlen, der im spanischen Bürgerkrieg umkam. Später verlor ich die Verbindung zu diesen Kindheitsfreunden.

Meine Großmutter, die alte Dame aus dem D-Zug Berlin–Wiesbaden, lebte mit ihrem Mann in Berlin. Der hatte eine chemisch-pharmazeutische Fabrik und war selbst Chemiker. Beide hatten für ihre Arbeiter eine Wohnsiedlung erbaut, die in der Ackerstraße lag und Hinterhöfe hatte. Viele Familien lebten dort. Damals schrieben die Zeitungen über die vorbildlich soziale Wohnsiedlung. Heute würde man kaum einen Sträfling so hausen lassen. Doch ich schlief manchmal bei der Großmutter, die genauso in einer dieser Arbeiterwohnungen lebte wie ihre Arbeiter. Ich fand es immer gemütlich, und die Menschen schienen sich dort alle wohl zu fühlen. Es herrschte eine Atmosphäre, als wären sie alle eine große Familie. Meine Großmutter erzählte mir Einschlafgeschichten und schrieb über die Siedlung in der Ackerstraße ein Buch, das sie «Im Winkel der Großstadt» nannte. Sie schrieb mehrere Bücher unter dem Namen «Fritz Schott», denn sie hieß Charlotte und wurde «Schotte» genannt.

Das Drachenhaus

Als es im Ersten Weltkrieg nur noch Kohlrüben zu essen gab – Kohlrüben als Suppe, Kohlrüben als Pudding, Kohlrübenmarmelade –, fuhr meine Mutter mit mir nach Göhren auf Rügen.

Auf einem Hügel, von drei Seiten vom Meer umgeben, stand dort das Drachenhaus. Es gehörte meiner dichtenden Großmutter. Rings von breiten Veranden umrahmt, stand es inmitten eines verwilderten Gartens, der sich den Hügel hinab erstreckte bis zu den dichten Sanddorngebüschen, in denen Grasmücken und Goldhähnchen nisteten. Immer hörte man die Schreie der Seevögel. Auf der höchsten Spitze des Hügels stand der Mast, der die Sturmsignale für die Fischer enthielt. Wilde Apfelbäume boten uns Kindern Kletteräste. Wir sahen von ihnen hinaus auf die Ostsee und erblickten bei klarem Wetter den Greifswalder Bodden und die Greifswalder Oie. Die Inseln erfüllten meine Träume. Mit Fischer Karl, einem Kindheitsfreund meines Vaters, fuhr ich bei ruhiger See hinaus.

Einmal landeten wir auf der Oie, und der einsame Strand mit den Wiesen, dem weiten Himmel und den vielen emsig nach Futter suchenden Strandläufern beeindruckte mich. Auf einer Anhöhe, von dornigem Gerank überzogen, war ein Adlerhorst. Fischer Karls Tochter Anita erzählte mir, daß die Adler oft Kinder rauben – ich glaubte es und fürchtete mich; aber heute noch habe ich den Horst mit den jungen Adlern, deren Schnäbel über dem Nestrand eindrucksvoll sichtbar waren, vor Augen. Die Alten schwebten über dem dornigen Hügel und fanden reiche Nahrung an den unzähligen Karnickeln, die dort herumflitzten.

Anita Karl, die ganze Hoffnung ihres Vaters, wurde später nicht eine Fischersfrau in Göhren. Sie war schon als Kind voll wilder Phantasien und voller Bewegungsdrang. Sie wurde Tänzerin. Zwanzig Jahre später sah ich einmal einen Auftritt von Anita Karl in der Scala in Berlin.

Es ist mit der Erinnerung wie mit einem Vorhang. Zieht man ihn auf, so werden auf der Bühne Gestalten sichtbar und beginnen, sich mit Leben zu füllen. Sie spielen uns das Leben vor. Die Gestalten der Erinnerung sind das Leben – mehr und mehr kommen zum Vorschein, immer mehr gewinnen sie an Bedeutung, sie treten miteinander auf, nacheinander – und füllen ein Leben.

Unterhalb des Drachenhauses lag am Rande einer Wiese ein weißes Haus. Seine Bewohner hatten einen fünfjährigen Jungen, er hieß Klaus Küster. Er hatte blonde Locken und schielte stark auf dem linken Auge, was mich als vierjähriges Mädchen sehr störte. Unsere Eltern wollten uns miteinander befreunden. Es dauerte lange, bis meine Mutter mich überzeugen konnte, daß Klaus trotz des Schielens ein Freund sein könne. Viele Ferien verbrachte ich später im Drachenhaus, und immer war Klaus da. Wir saßen zusammen auf den Findlingsblöcken am Südstrand und warfen flache Steine ins Wasser. Wir stiegen auf die hohen Kreidefelsen und stellten uns vor, wie es sein würde, wenn die Bäume, deren Wurzeln über den Abgrund ragten, sich lösen und mit uns hinabstürzen würden. Später wurde Klaus der Patenonkel meiner Tochter Gesine. Schon in den ersten Kriegstagen ist er bei Lodz gefallen.

Der Ohm

Mit seinen gestuften, geschwungenen Veranden, den geschnitzten Drachenköpfen auf dem Giebeldach sah das Haus auf der Höhe des windumwehten Hügels aus wie ein Riesenvogel, der sich sogleich in die hohe Luft erheben möchte.

Meine Großeltern wohnten nicht immer dort, aber das Haus hatte einen ständigen Bewohner, den Schriftsteller May Dreyer, genannt «der Ohm».

Ohm Dreyers humorvoll verschmitztes Gesicht, seine Lachfalten in den Augenwinkeln, seine Igelfrisur und der Spitzbart hatten meinen Vater fasziniert, als er ein kleiner Junge war. Damals nämlich hatte er den Ohm kennengelernt. Es war in Göhren in der Badeanstalt gewesen. Aus einer Zelle hörte mein Vater Gesang – das Lied machte ihn neugierig. Eine Männerstimme sang:

«In einer Wiege lag das Kind,
so schön wie selten Kinder sind,
das ganze Weltall wundert sich,
denn dieses schöne Kind war ich!»

Gespannt, wer dieses schöne Kind wohl sei, wartete mein Vater vor der Zellentür. Heraus kam: der Ohm!

Aus dieser Begebenheit entstand eine lebenslange Freundschaft zwischen meinen Großeltern und später meinen Eltern und dem Ohm. Meine Großeltern vererbten ihm das Drachenhaus, und er wurde sein Hüter. Immer konnte man kommen, immer fand man die Kinderzimmer bereit. Der Ohm lehrte mich ein Dreiersüppchen kochen, das war eine Kartoffelsuppe mit viel Petersilie, und er lehrte mich Karnickel abziehen und häuten. Diese Kunst konnte ich später in der glücklichen Lebenszeit in Schlesien gut verwenden. Er lehrte mich auch die Pflanzen und Vögel unterscheiden, die auf der Halbinsel Mönchgut lebten. Ich sah ihm zu, wie er eine Tonne Flundern räucherte, die ihm Fischer Karl gebracht hatte, und ich hörte abends seine Geschichten, die er mir erzählte, ehe sie sich zu Büchern verdichteten. Viel später heiratete er eine Sängerin, die eigentlich gar nicht ins Drachenhaus paßte – sich aber sehr bemühte, sich anzupassen, und ihn liebevoll pflegte, als er alt und krank wurde. Er starb vor dem Zweiten Weltkrieg, und Tante Vicky, so hieß seine Auserwählte, erbte das Drachenhaus. Die Russen sperrten sie ein, weil der Ohm im Dritten Reich als Autor beliebt und bekannt war. Sie starb in einem russischen Lager auf Rügen.

Ob das Drachenhaus wohl heute noch steht?

Die andere Großmutter

Die andere Großmutter lebte in Mecklenburg in einem alten Gutshaus. Sie lud mich oft ein, und ich hatte dort Freunde. Die Jungen konnten morsen, und ich lernte das Morsealphabet. Wir spielten im Park Verstecken und verständigten uns durch Morsezeichen. Der Park hatte trockene, sanft hügelige Wiesen, auf denen unzählige Skabiosen wuchsen.

Das Gut hieß Grabowhöfe. Zu ihm gehörte eine alte Ziegelei. Es war eine weite Wanderung dorthin, durch Felder und Wiesen, auf denen Gänse weideten. Eine Kleinbahn verband die Ortschaften, sie fuhr aber nur einmal am Tag – so konnten wir Kinder auf den Schienen balancieren.

Meine Tante Käthe begleitete uns auf den Streifzügen. Sie sorgte für meine Großmutter, sie kämmte ihr das Haar, das, wenn die Großmutter auf einem Stuhl saß, noch lang auf der Erde dahinfloß. Tante Käthe rollte es zu einer gewaltigen Krone auf, ebenso wie auch ihr eigenes kastanienbraunes Haar, das ihr feines Gesicht krönte. Tante Käthe war Malerin und konnte einfach alles. Sie war solch eine selbstlose Familientante, wie es sie heute leider nicht mehr gibt.

Das Haus in Grabowhöfe hatte viele Zimmer. Die Möbel in ihnen waren gegen den Staub mit weißem Leinen überzogen. Lange Gardinen an den Fenstern wehten unheimlich, wie von Gespensterhand bewegt, wenn man eine der Türen öffnete. Spinnweben schwebten an Decken und Kronleuchtern. Einen Flügel des Hauses bewohnte meine Großmutter. In diesen Zimmern war es gemütlich, vor allem durch eine Stehlampe, die einen gefältelten Schirm mit einer riesigen Schleife daran hatte und einen sanften Kreis von hellem Licht warf.

Zwei Dinge zogen mich an in Grabowhöfe und übten eine magische Gewalt auf mich aus: Das eine waren die Skabiosen im Park, das andere war eben diese Stehlampe. Sie bedeutete für mich Geborgenheit. Rings um die Skabiosen duftete es nach Pfefferminze und Thymian – die vielen Blumen und der Duft gaben Lebenskraft.

An die Großmutter erinnere ich mich kaum – nur an ihr Haar, an die Lampe und an die Blumen.

Eines Tages, es muß gegen Ende des Ersten Weltkrieges gewesen sein, erschien in Grabowhöfe ein Major mit der hohen Mütze des 1. Garderegiments. Er humpelte an zwei Stöcken daher, was den soldatischen Eindruck der Gestalt stark minderte. Es war Großmutters Sohn, Hans Wilhelm von Herwarth, genannt Hawi. Seine Verwundung erlaubte ihm nicht, weiterhin Soldat zu sein, was wir alle sehr schön fanden. Die älteren Brüder waren beide tot. Hans Wolfgang – von ihm war schon die Rede, hatte doch seine Frau meinen Eltern zur Heirat verholfen – war in Washington gestorben, Hans Waldemar, der andere, war als Flieger über Brüssel abgestürzt, genaugenommen als Ballonfahrer bei einer Aufklärungsfahrt über den feindlichen Linien.

Großmutters Mann war ein General gewesen, der zeitweilig Kommandeur der Kadettenanstalt in Potsdam gewesen war. All diesen preußischen Vorfahren und Brüdern – der Großvater war ein Feldmarschall gewesen und hatte sich in der Geschichte Ruhm erworben durch die Erstürmung der Düppeler Schanzen im Dänisch-Schleswigschen Krieg –, all diesen preußischen Vorfahren und Brüdern also war Hawi recht aus der Art geschlagen, und ich muß sagen, wir Kinder empfanden das als sehr wohltuend. Wir Kinder, das waren die Ditfurths, die sich sogleich mit Hawi anfreundeten, dann war auch plötzlich Klaus Küster aus Göhren wieder da.

Hawi steckte voller Streiche und überraschte uns täglich mit immer neuen Einfällen. So stellte er eine Art Vogelscheuche in das einzige Örtchen in Grabowhöfe, und jeder, der dringend dorthin mußte, öffnete die Tür einen Spalt – «Besetzt» – und wartete, von einem Fuß auf den anderen tretend, doch die Figur wurde niemals fertig. Ein anderes Mal rief er von der nahen Stadt aus seine Mutter an. Sie hatte soeben ein Telefon bekommen, eines mit einem Trichter, in den man hineinsprach, und einer Kurbel daran. Sie hatte noch nie telefoniert. Es klingelte, sie eilte herbei:

«Wer dort?»

«Hier Hawi.»

«Was gibt's?»

«Mama, du hast einen Fussel am Kleid.»

Großmutter glaubte es und suchte: «Wo, wo?»

Bald heiratete Onkel Hawi zu seinem Glück Elisabeth von der Lanken, eine warmherzige und tüchtige Person, die mit beiden Beinen auf der Erde stand. Mit ihr zusammen pachtete er die alte Ziegelei und machte in kurzer Zeit mit ihrer Hilfe daraus ein fröhliches Paradies.

Wieder einmal wanderten wir Kinder auf den Schienen hin zu diesem Paradies. Unterwegs wurde mir sehr übel; bei der Ziegelei angekommen, war ich puterrot und hatte Scharlach. Sechs Wochen mußte ich dort liegenbleiben. Ich erinnere mich an schreckliche Tabletten, die in Apfelmus versteckt wurden, und an Mutter Katze, die mit ihren beiden Kindern, Rosamunde und Mönch genannt, in meinem Zimmer wohnte. Häufig ohrfeigte sie kräftig von rechts nach links ihre Nachkommen. Fast genesen mußte ich Gänse hüten. Das tat ich sehr ungern, denn ich hatte Angst vor dem Ganter, der mit aufgesperrtem Schnabel, lautem Zischen und halbgespreizten Flügeln auf mich zugerannt kam, um seine Frauen vor mir und der Haselrute, die man mir mitgegeben hatte, zu schützen. Ich stieg immer auf den Koppelzaun und saß dort oben sehr unbequem, denn es dauerte lange, bis die Gänse satt waren. Aber ich fühlte mich dort sicher. Eigentlich hüteten die Gänse mehr mich als ich sie.

Nur einmal führte der Ganter seinen Harem auf die Schienen. Ich hatte nicht aufgepaßt, die Schienen waren weit, das Haus aber nahe. So rannte ich ins Haus und meldete das Unglück. Es war kurz vor der Zeit, zu der die Bahn ihre tägliche Fahrt machen mußte. Onkel Hawi stürzte ans Telefon, kurbelte und sprach mit dem Bahnhof in Grabowhöfe. «Die Gänse sind auf den Schienen.» Die Nachricht kam gerade rechtzeitig. Der Zug wurde angehalten, der Schaffner stieg aus, jagte die Gänse fort, mutiger, als ich es gekonnt hätte. Pfiff – der Zug setzte sich wieder in Bewegung, die Gänse auch, aber ach, nach der falschen Richtung, sie wanderten nach Grabowhöfe zum Schloß und waren durch nichts aufzuhalten. Man befahl mir, sie zurückzuholen. Ich sah mich außerstande und streikte.

Das hat Onkel Hawi mir nie verziehen, ich blieb bei ihm in dem Ruf, nichts Rechtes zustande bringen zu können – was mich immer besonders kränkte, weil er sich eigentlich selbst nur die Sonnenseiten des Lebens zunutze machte. Die harte Arbeit tat seine Frau – er gab ihr die Freude und die Impulse dazu.

Kaum vom Scharlach genesen, kehrte ich zurück zur Großmutter mit dem schönen Haar und Tante Käthe ins Schloß. Befreit vom Gänsehüten!

Eines Abends gaben sie eine Gesellschaft. Viele Verwandte waren gekommen und saßen in Großmutters Wohnzimmer um die Lampe mit der großen Schleife. Ich durfte dabeisein, mußte aber auf einem Sofa liegen, es war so eine Art Ottomane, wie man sie in den französischen Salons hatte, und sollte schlafen. Ich hörte aber die Gespräche unter der Lampe. Es ging um Pflaumenkompott. Soeben hatten alle welches gegessen. Tante Käthe sagte auf einmal, daß sie es in einem Aluminiumtopf gekocht habe. Irgendeine Tante sagte, das sei furchtbar giftig, Pflaumen, die in Aluminium gekocht seien. Sofort wurde allen schlecht. Onkel Hawi sagte, die einzige Rettung sei Milch. Mit einem Eimer stürzte er in den Kuhstall, die Kühe waren längst zur Ruhe gegangen, und holte aus jeder noch ein paar Tröpfelchen heraus, so daß der Eimer fast voll wurde. Alle tranken gierig die warme Kuhmilch. Niemand starb. Dennoch war die Gesellschaft nach der Eröffnung mit dem Aluminiumtopf verstummt – jeder wartete auf die Wirkung des Giftes. Man fürchtete, die Zeichen der Erkrankung würden später erst sich einstellen, niemand sprach mehr an diesem Abend.

Aus den verschiedenen Zimmern kamen am nächsten Morgen die Gäste hervor, jeder wunderte sich, daß der andere noch lebte, eigentlich schienen sie fast ein bißchen enttäuscht zu sein, daß niemand vergiftet war – so jedenfalls kam es mir damals vor!

Windfang

Eines Tages trug man einen Sarg aus dem Haus, nur Männer gingen hinter ihm her zum Friedhof. Die Frauen durften nicht mit zur letzten Ruhestätte, so war es damals in Mecklenburg üblich. Sie saßen statt dessen stumm um die Lampe. Großmutter war gestorben.

Das Haus wurde verkauft – mit ihm das fröhliche Paradies, die alte Ziegelei. Onkel Hawi kaufte ein altes Forsthaus mit Wiesen, Land und Wald rundherum, am Krakowsee gelegen, einsam, doch freundlich und einladend. Die Besuche fanden nun dort, in Windfang, statt. Klaus Küster war auch wieder da. Es gab Segel-, Ruder- und Motorboote. Sie lagen am Steg. Gäste durften sie nach Belieben nutzen und mit ihnen auf die vielen Inseln fahren, auf denen Vieh weidete. Onkel Hawi hatte stets Gäste, die sich nie wieder trennen wollten von dem ruhigen Ort und den fröhlichen Festen, die er in immer neuer Form ersann. Tante Elisabeth bekam dort kurz nacheinander drei Buben. Die beiden ältesten kamen im Zweiten Weltkrieg um, der dritte wurde Diplomat und überlebte. Windfang beherbergt heute einen Förster der DDR, nachdem es lange Quartier der Vopo gewesen war.

Es gab in Windfang ein altes Pferd, Max. Körbe wurden auf den Wagen geladen, gezogen von Max. Alles wanderte in den Wald, und in Kürze waren die Körbe voller Pilze. Tante Käthe war mitgekommen, ihre Aufgabe waren jetzt die Kinder – sie fand die Pilze überall und lehrte uns ihre Namen.

Es gab Spargelbeete. Früh um fünf sollte ich mit Klaus Spargel stechen. Nie gelang es mir, mehr als die Köpfe aus den Beeten herauszubekommen. Vielleicht war das der Grund dafür, daß Klaus mir nie einen Heiratsantrag gemacht hat.

Nahe bei Windfang lag das Vollblutgestüt des Herrn v. Schmidt-Pauli. Er war zugleich Trainer, und seine Kinder ritten, geradeso wie bei Mitzlaffs, die Rennpferde bei der Morgenarbeit. Die Galoppierbahn führte um einen Teil des Krakowsees herum; nach dem Frühgalopp badeten die Pferde und die Reiter im See. Einige Male durfte ich mit auf der Galoppierbahn reiten, aber ich habe keine klare Erinnerung mehr daran. Viel mehr Eindruck machten wohl die Einfälle des Onkel Hawi damals auf mich. Alle Haustöchter wurden in Nachthemden gesteckt, mit Kränzen bekleidet und so von Max auf den Bahnhof in Krakow gezogen, wo sie Spalier bildeten, als Kemal Pascha, der damalige Präsident der Türkei, in Krakow auf dem Bahnhof ankam.

Irgendeine militärische Funktion hatte Hawi einmal in der befreundeten Türkei gehabt und dabei Kemal Pascha, der zu der Zeit noch nicht Präsident gewesen war, eingeladen. Nun kam er wirklich und blieb mehrere Tage. Seine Nichte begleitete ihn. Sie hieß Melahat Kemal und war sehr schön. Das jedoch konnte man nur selten sehen, denn sie legte ihren Schleier fast nie ab, zum Kummer von Kemal Pascha, der doch gerade in seinem Lande die Türkinnen entschleiert hatte.

Abends betrieb Onkel Hawi mit all diesen Gästen Tischrücken und Glasrücken. Die Gegenstände sausten wie wild rundrum und blieben auf Buchstaben stehen, die der lustige Onkel angefertigt hatte. Die Buchstaben bildeten schließlich Worte und Sätze, und so kamen Prophezeiungen zustande, die immer so ausfielen, wie der jeweilige Gast es sich wünschte.

Trotz all dieser Faxen blühte und gedieh die Landwirtschaft, ebenso wie die Spargelkulturen und die Fischerei in Windfang.

Berlin –
Das Kronprinzenufer

Jeder einmal in Berlin, jeder einmal untern Linden, jeder einmal an der Spree – was er sucht, das wird er finden», so sang man in den zwanziger Jahren, doch der Schlager war ein Paradox, denn niemand fand, was er suchte – weder Wohnung noch Arbeit –, so auch wir!

Mein Vater war aus der französischen Gefangenschaft heimgekehrt. Ihm war es nicht schlecht ergangen. Man hatte ihn als Dolmetscher eingesetzt und sich sehr freundschaftlich zu ihm gestellt, denn er war als junger Offizier zur französischen Kavallerieschule Saumur abgeordnet gewesen und fand so manchen Freund auf französischer Seite wieder. Auch trug ihm das bei den Franzosen eine gewisse Achtung ein.

Für mich war er zunächst ein fremder Mann, der meine Eifersucht weckte, denn meine Mutter war nun nicht mehr ausschließlich für mich da. Nach kurzer Zeit schon wurde er in die Reichswehr übernommen und nach Berlin versetzt, wo er in der Kaserne in Moabit einen Auftrag erfüllte, dessen Bedeutung ich nicht verstanden habe, denn der Auftrag war geheim und hielt ihn oft auch nachts in der Kaserne fest.

Wir verließen die Neuhäuser Straße in Paderborn und fanden ein recht kümmerliches Quartier im dritten Stock eines Hauses am Kronprinzenufer in Berlin. Die Wohnung war sehr klein. Ich erinnere mich an ein Bett in einer – allerdings geräumigen – Badewanne. Aus dem Fensterchen des Badezimmers konnte ich auf die Spree schauen und auf das breite, mit Kopfsteinen gepflasterte Ufer. Kletterte ich die Wendeltreppe zum Dachboden empor, konnte ich sogar den Tiergarten überblicken, über dem einmal der Zeppelin angeschwebt kam. Das Ereignis hatte zuvor in der Zeitung gestanden, und alle Bewohner des dreistöckigen Hauses kamen auf unseren Dachboden, um den Zeppelin zu sehen.

Allzugern wollte ich auf den Spreekähnen mit den Schifferkindern spielen, ich fürchtete mich aber, die Straße zu überqueren, denn oft marschierten dort Kolonnen mit offenen Mänteln, blaue Schiffermützen oder Hüte in der Hand, Transparente und rote Fahnen schwenkend. Sie sangen die Internationale, die ja eine so faszinierende Melodie hat, daß bald die ganze Straße das Lied mitsang. Später ging ich doch zu den Schifferkindern ans Ufer. Wirklich luden sie mich auch auf die Kähne ein. Immer hing dort Wäsche auf einer Leine, immer liefen kleine gefleckte Hunde auf Deck hin und her, stets schrubbte ein Junge oder eine Frau das Deck und schüttete eimerweise Wasser über die Planken. Sonntags trugen viele der Frauen, die auf den Kähnen lebten, Spreewälder Tracht und wanderten so in die Kirche. Die Männer sprachen untereinander wendisch, und ich konnte sie nicht verstehen.

Aus Paderborn war auch noch Minna mitgekommen. Minna war ein Bauernmädchen aus Schlangen bei Schöppenstedt und bei meinen Eltern ein Faktotum geworden. Im Krieg bekam sie einen Sohn, ihr Bräutigam ist gefallen. Minna blieb mit ihrem Sohn, der Eberhard Strohdeicher hieß, bei uns. Ich glaubte immer, Eberhard sei mein Bruder, und so schrieb ich später in einem Schulaufsatz, der «Meine Geschwister» hieß: «Mein kleiner Bruder heißt Eberhard Strohdeicher.» Der Lehrer schrieb an den Rand: «Wieso?»

In der winzigen Berliner Wohnung schlief Minna mit Eberhard auf dem Hängeboden, das war ein sehr merkwürdiges Ding, wohl so etwas Ähnliches wie auf einem Schiff das Zwischendeck.

Aber leider beschloß Minna zu heiraten. Sie setzte eine Anzeige in die Zeitung, die sie mir vorlas: «Kochendes Bauernmädchen sucht liebevollen Mann und Vater.» Ich glaubte, sie suche also zwei Männer – einen Mann und einen Vater. Bald kamen verschiedene Männer in unsere Wohnung, um Minna zu besichtigen. Ich war sehr erstaunt, daß sie schließlich nur einen davon nahm. Er hieß Heinrich Heinrich. Wieder mußte ich glauben, daß das zwei Männer seien – begriff erst, daß es wirklich nur einer war, als dieser eine mich auf eine seiner Rundfahrten mitnahm. Er war nämlich Chauffeur bei «Käses Berliner Rundfahrten». Minna und Eberhard zogen zu ihm in die Straße Am Zirkus. Viel später kehrte ich als Untermieterin wieder bei Minna ein, als ich in Berlin studierte. Eberhard wurde Schiffskoch und machte so Weltreisen.

Daß Minna fortging, war schlimm. Es war im Dezember 1921.

Mein Vater war wieder einmal in der Kaserne. Draußen lag hoher Schnee. Es war sehr kalt. Meine Mutter war seit längerer Zeit krank, sie hatte Ohrenentzündung. In der Nacht, kurz vor Weihnachten, wurde es so schlimm, daß sie ins Krankenhaus mußte – sie war schon ganz elend. So zog ich sie auf einem Schlitten über die Spreebrücke in die Charité. Die rechtzeitige Operation wurde durch das Weihnachtsfest versäumt, es war kein Arzt aufzutreiben, und so blieb sie seitdem ihr Leben lang leidend. Ich kehrte in die leere Wohnung zurück. Am Morgen kam mein Vater und engagierte ein Kindermädchen für mich. Sie hieß Grete. Grete mochte mich nicht leiden. Sie studierte Gesang und hatte einen chinesischen Freund, der sie lehrte, mit einem Korken im Mund zu singen. Das sollte besonders schön klingen. Oder war es nur in China üblich? Statt auf mich aufzupassen, stand Grete am Klavier, der Chinese begleitete sie – Grete sang mit dem Korken. Ich entwischte dann immer auf die Spreekähne.

Eines Tages hatte mein Vater mich ergriffen und in die Schule gebracht. Er zeigte mir den Weg vom Kronprinzenufer zum Lehrter Bahnhof, stieg mit mir in ein Abteil für Reisende mit Traglasten 4. Klasse, und wir fuhren bis zum Bahnhof Zoo. Dann gingen wir, vorbei an der Kaiser-Wilhelm-Gedächtniskirche, in die Nürnberger Straße. Über einem Gebäude stand: «Lyzeum von Luise Boretius». Fortan ging und fuhr ich diesen Weg allein. Ich war fünf Jahre alt. Meine frühe Einschulung war aber nicht etwa wegen einer besonderen Klugheit geschehen, nein, wegen der engen Wohnung! Mein Vater fand, im Abteil für Reisende mit Traglasten, zwischen Frauen mit Apfelkörben und Enten und Gänsen, die gackerten und schnatterten, sei ein kleines Mädchen gut und sicher aufgehoben. Und er hatte recht. Seine Erziehungsmethoden waren hart. Morgens, im Winter noch im Dunkeln, rieb er mich mit Schnee ab – den hatte er vom Ufer heraufgebracht –, abends wurde ich eiskalt abgeduscht, pünktlich mußte ich – noch fast ehe ich die Uhr kannte – auf die Minute sein, ja, auf die Sekunde sogar. Das war besonders schwer einzuhalten, denn mein Schulweg war voller Abenteuer. Die Marktfrauen schenkten mir Äpfel. Man hatte mich gelehrt: «Nimm von Fremden nichts an, es könnte vergiftet sein.» Ich dachte an Schneewittchen, trug die Äpfel sehnsüchtig mit mir herum, um sie schließlich in der Tauentzienstraße im dicksten Fußgängergewühl fallen zu lassen.

Einmal ging – ich war schon auf dem Heimweg – eine Frau vor mir her. Sie war uralt und trug zwei schwere Taschen. Ich hatte damals eine sehr häßliche Mütze. Mein Vater hatte befohlen, sie aufzusetzen. Ich weinte, er zog sie mir auf. Nach der Schule beschloß ich, sie in der Schule zu vergessen. Auf dem Weg zum Bahnhof Zoo regte sich mein Gewissen. Was würde geschehen, wenn ich ohne Mütze heimkam? Die Angst war noch größer als die Gewissensbisse. Ich sah die alte Frau. Könnte so eine Art Sühne nicht alles wiedergutmachen? Eine Sucht nach «guten Werken» erfüllte mich, ich lief auf die Frau zu und trug ihr beide Taschen. Am Bahnhof angelangt, wagte ich nicht, ihr zu sagen, daß ich hier abfahren müsse – die Sühne war noch zu kurz gewesen. Also trug ich die Taschen weiter, nicht mehr lange, denn es war kurz hinter dem Bahnhof – wir hatten kaum die berühmte «Uhr am Bahnhof Zoo» passiert, den Treffpunkt aller Liebespaare (später auch meiner) –, als sie in einen Torweg einbog, drei Hinterhöfe passierte und im vierten vorn links im Parterre eine Tür aufschloß. Schon unter dem Torbogen war mir das Märchen vom Zwerg Nase eingefallen, und ich glaubte fest, die alte Frau sei die Hexe und in ihrer Wohnung müsse es von Meerschweinchen und Eichhörnchen wimmeln. Sie winkte mir, durch die aufgeschlossene Tür einzutreten. Da aber ergriff mich Panik, ich wollte davonrennen. Sie packte mich am Handgelenk, aber nicht, um mich in einen häßlichen Zwerg zu verwandeln, sondern um mir eine Mark – eine Papiergeldmark! – in die Hand zu drücken. Damit rannte ich, wie verfolgt, zum Bahnhof zurück, warf die Mark in die Gosse, als könnte sie explodieren, und bestieg den nächsten Stadtbahnzug.

Trotz ihres Chinesen hatte Grete gemerkt, daß ich nicht wie sonst aus der Schule gekommen war, und war zum Bahnhof geeilt. Viele Züge hatte sie ankommen sehen, war unruhig spähend hin und her gewandert. Schließlich fragte der Schaffner: «Na, Frollein, wat suchen Se denn?»

Gretes Antwort war: «Ich erwarte ein Kind, aber es kommt keins.»

Darauf der Schaffner: «Dann gehn Se man lieber rasch bei die Hebamme – bei mir können Se nämlich keins kriegen.»

So erzählte es Grete meinem Vater, als wir alle wieder glücklich vereint zu Hause waren. Ich aber – als ich die Geschichte von der

Frau mit den Taschen erzählte – bekam Prügel. Nicht, weil ich die Mark fortgeworfen hatte, sondern weil ich mich gefürchtet hatte!

Mein Vater war im Grunde ein durch und durch gütiger Mann – diese Methoden waren einfach sein Erziehungsprinzip. Später dachte ich oft, er habe das Kommende vorausgeahnt. Vielleicht hätten wir nicht die Kraft gehabt, Flucht und Schrecken zu überleben, wenn er nicht die harten Methoden der Erziehung angewendet hätte – aber auch nur dazu befinde ich sie gut. Niemand kann sagen, wie es gekommen wäre, wenn meine Mutter, die jahrelang in der Charité lag, sich damals hätte um mich kümmern können.

Eine weitere Tracht Prügel bekam ich zu Unrecht. Es gab in den Stadtbahnzügen keine Toiletten. Am Bahnhof Grunewald hätte ich notwendig eine gebraucht. Ich trat von einem Fuß auf den anderen. Ein Herr fragte mich, ob mir etwas fehle – ich sagte es ihm. Er riet mir, auszusteigen, die Bahnhofstoilette aufzusuchen und mit dem nächsten Zug weiterzufahren. Er war fürsorglich und fragte, ob ich genug Geld mithätte. Ich hatte keins. Er gab mir einen Schein, es war ein Zehn-Milliarden-Schein. Genausoviel kostete das Unternehmen, der Herr schien Bescheid zu wissen. Ich hatte ihn, wie ich es gelernt hatte, nach seiner Adresse gefragt und ihm versichert, das Geld würde ich zurückschicken. Den Zettel mit seiner Adresse hielt ich fest in der Hand. Er hieß Maximilian Schweinebraten und wohnte, genau wie Minna, Am Zirkus. Ich versank in tiefe Gedanken – ob er wohl Minna kannte – wie konnte man nur Schweinebraten heißen – war das wirklich sein Name? Über all diesen Grübeleien versäumte ich viele Züge und kam viel zu spät nach Hause. Das Ende war ein Strafgericht.

Nun beschloß ich, zu Fuß nach Hause zu gehen, dann konnte man schließlich keinen Zug verpassen. Der Weg durch den Tiergarten vom Zoo zum Prinzenufer dauerte etwa eine Stunde. Ich ging ihn nun täglich. Bald merkte ich, daß ein großer, sommersprossiger, rothaariger Mann hinter mir herging. Er saß täglich zur gleichen Stunde auf einer Bank und verfolgte mich. Ich nannte ihn d. g. U., das hieß: «Der große Unbekannte». Ich erzählte meinem Vater vom ihm. Eines Tages holte mich mein Vater aus der Schule ab, um d. g. U. kennenzulernen. Es zeigte sich, daß d. g. U. ein Dichter war und mich verfolgt hatte, um Gedichte über mich zu schreiben. Bald saß er in unserem Wohn-Eß-Schlafzimmer auf einem geblümten Sofa und las meinem Vater die Gedichte vor. Ich mußte zuhören, so wollte es gern Herr Nesselroth, so hieß der Dichter. Ich wunderte mich sehr, daß mein Vater so andächtig zuhörte. Dann aber hörte ich, wie er sagte: «Mein lieber Herr Nesselroth, ich würde an Ihrer Stelle erst einmal gründlich kalt, eiskalt baden, dann werden Sie bessere Gedichte machen.» D. g. U. war fortan aus meinem, aus unserem Leben verschwunden.

Die zehn Milliarden haben wir übrigens Maximilian Schweinebraten zurückgeschickt, aber die Briefmarke kostete am nächsten Tag schon mehr, als die zehn Milliarden noch wert waren. Wenn ich an die Inflationszeit denke, so denke ich an Brötchen. Im Laden an der Ecke gab es manchmal Brötchen. Mein Vater gab mir eine Billion. Ich sollte drei Brötchen holen. Frau Gertrude Schmidt, die Ladeninhaberin, sagte: «Dafür kriegst du bloß eins, ab heute kostet ein Brötchen eine Billion!»

Bald darauf wurde die Rentenmark erfunden und gedruckt!

Väterchen Köstring und Rudolf Steiner

Mit einem steifen Bein, am Stock humpelnd, kehrte meine Mutter aus der Charité zurück. Das Krankenhaus stand damals in einem schlechten Ruf, man hatte auch wirklich ihre Sepsis nicht rechtzeitig erkannt, und so waren Schäden zurückgeblieben, die nie ganz behoben werden konnten.

Grete ging mit ihrem Chinesen fort, und meine Mutter konnte wieder für uns sorgen.

Auf den Hängeboden aber zog «Väterchen Köstring». Manchen wird es seltsam anmuten, wenn ich sage, daß das der damalige Militärattaché in Moskau war, der eine Mission in Berlin zu erfüllen hatte. Vor dem Krieg hatte er meinen Vater in Saumur kennengelernt. Beide waren Freunde geworden. Ich hatte nun zwei «Väterchen».

Väterchen Köstring war gebürtiger Deutsch-Russe aus Leningrad, sprach Deutsch mit starkem slawischen Akzent, was mich sehr anzog, so daß ich, wann immer er daheim war, zu ihm ging und wie gebannt an seinen Lippen hing. Auch war er hoch gebildet und sehr kunstbeflissen. Er schenkte mir das Bild der «Madonna» von Filippo Lippi, das bis zur Flucht aus Schlesien über meinem Bett gehangen hat.

Väterchen Köstring erzählte aus Leningrad und Moskau, aus Tiflis und aus dem Kaukasus – auch in Sibirien war er lange Zeit gewesen, so daß mich schon als Kind eine Sehnsucht nach dem weiten Land des Ostens ergriff, die später Erfüllung finden sollte.

General Köstring blieb lange Jahre Militärattaché, noch während des Dritten Reiches war er es. Befragt, wie er denn ausharren könne, sagte er immer: Er müsse, er müsse ausharren, denn nur er könne die jeweilige deutsche Regierung eindringlich und mit genügend Kenntnis und Erfahrung vor einem Krieg mit Rußland warnen!!

Seiner Rückkehr nach Moskau folgte ein neuer «Hängeboden-schläfer», der Ohm kam nach Berlin. Er schrieb einige Gedichte, die meinem Vater besser gefielen als die von Herrn Nesselroth. Die Wäsche hing auf dem Flur – er mußte sich bücken, alles war ganz eng. So kamen in einem Gedicht die Worte vor: «Ich lag gebettet wie auf Rosen und wandelte unter Unterhosen.» Veröffentlicht hat er allerdings diese Gedichte nicht.

Bei uns traf der Ohm einen anderen Besucher. Beide waren arge Gegensätze. Ein schwarzhaariger, großer Mann, dunkle, kluge, kalte Augen, eine Haarsträhne in der Stirn, fanatisches Gebaren, furchteinflößend – so erschien mir als Kind Rudolf Steiner. Meiner Mutter aber konnte er wirklich helfen, einmal durch seine medizinischen Kenntnisse auf pflanzlichem und mineralischem Gebiet, zum anderen dadurch, daß er sie durch reiche geistige Anregung ihr Leiden vergessen ließ. Von nun an kamen lilagekleidete Damen mit großen silbernen Broschen zu Gesprächsabenden und Vorträgen zu uns.

Meine Mutter wurde später immer gelähmter, trug aber ihr Leiden mit lächelnder Freundlichkeit. Der Bruder meines Vaters, Arzt in Spandau im Johannesstift, freute sich über Steiners Besuche und kam dann auch herüber. Er war Anthroposoph. Er war sanft und gütig und strahlte Wärme und Vertrauen aus. Seine Tochter wurde Ärztin in Madras in Indien, er selbst kam durch Bomben um.

Double zu Pferde

Ich habe die Jahreszahl vergessen – mein Vater wurde nach Potsdam versetzt zum Reiterregiment 4. Es war wunderschön für mich, denn nun bewohnten wir ein ganzes Haus mit einem Garten und mehreren Balkonen. Von einem konnte man auf den ausladenden Ast eines Birnbaumes klettern. Am Stamm herabrutschend, landete man auf dem Dach einer efeuumrankten Laube, in der wir immer die Fahrräder flickten. Ich ging nun ins Augustastift, das heißt, ich fuhr mit eben diesem immer zu flickenden Fahrrad, zusammen mit Margarete von der Borch. Ihr Vater fuhr mit Hackneys zwei- bis drei- und vierspännig, ihre Brüder Wulf und Luis Ferdinand liebte ich heimlich oder bewunderte sie vielmehr. Jeder von uns hatte eine Angorakatze, die wir an Leinen spazierenführten. Erst siebzehnjährig, heiratete Margarete ihren Vetter, Graf Zeck, der das Gut Gosek an der Saale bewirtschaftete. Aber bis dahin war es noch lange Zeit. Vorerst fanden wir ein gemeinsames Berufsziel: Ein Altersheim für ausrangierte Droschkenpferde wollten wir in Afrika gründen. Dafür sparten wir auch, Spardosen füllten sich mit Pfennigen. Wir verkauften sogar Mähnenhaare der Borchschen Hackneys, alles für das Altersheim!

Plötzlich nahm mein Vater, zusammen mit drei anderen Offizieren, den Abschied. Alle vier zusammen gründeten ein Pferdeunternehmen, das sie den «Potsdamer Stall» nannten. Nahe am Bornstedter Feld gelegen, bildeten sie dort gemeinsam Pferde aus und kamen – o Wunder – auch tatsächlich auf einen grünen Zweig. Ich sollte nun reiten lernen und wurde an der Longe auf eine vierjährige Vollblutstute gesetzt, die Caracalla hieß und die mein Vater an Freiherr von Langen verkaufte, der mit ihr 1928 die Olympiade-Dressurprüfung gewann. Als sie jung war, war ich aber oft viele Male an einem Tag von Caracalla heruntergefallen. Auf anderen Pferden mußte ich über Hindernisse springen und während des Sprunges einen Ball in die Luft werfen und wieder auffangen. Ich fand das Reiten gar nicht schön, besonders dann nicht, als das Pferd «Verräter» sich von der Longe losriß und mit mir über einen Kinderwagen sprang. Es geschah aber niemandem etwas Schlimmes.

Kaum konnte ich einigermaßen reiten, als Margarete und ich zur UfA nach Babelsberg radelten und uns als Double beim Film anboten, um Geld für das Altersheim zu verdienen. Wir wurden auch tatsächlich genommen. Ich schwänzte die Schule und doubelte meinen ersten Film: «Liselotte von der Pfalz» mit Renate Müller. Ich mußte im Damensattel reiten, vom Pferd fallen und von einem liebenden Bräutigam aus der Ohnmacht erweckt werden. Das Herunterfallen aus dem Damensattel war recht schwierig, und ich mußte oft und lange üben. Einfacher war es, in dem Film «Königin einer Nacht» zu doubeln. Ich weiß nicht mehr, wie die Schauspielerin hieß, die ich ersetzen mußte – sie wurde zum Schluß in Großaufnahme neben dem Pferd gefilmt. Ich mußte ihre weiße Uniform anziehen, auf der Schimmelstute «Brangäne» die flache Treppe zum Neuen Palais hinaufspringen, einen Degen ziehen und wieder in die Scheide stecken, was zehnmal mißlang – immer rutschte er daneben –, das Königspaar stand auf dem Balkon des Schlosses und grüßte leutselig herab. Der Hauptdarsteller des Films war Carl Ludwig Diehl. Ich bekam 100 Mark, das war damals sehr viel Geld. Margarete hatte indes ein anderes Double gespielt. Wir taten das Geld dann nicht in die Afrika-Altersheim-Kasse, sondern kauften uns jede einen persischen Windhund. Meiner hieß «Kasab».

Im Potsdamer Stall tauchte eines Tages der Filmschauspieler Gustav Fröhlich auf und begehrte, reiten zu lernen, was er für einen Film, der bald gedreht werden sollte, leidlich können wollte. Da er, wie wir von ihm erfuhren, im Zirkus groß geworden und erst spät für den Film entdeckt worden war, brachte er recht viel Geschicklichkeit mit. Weit schwerer hatte es jedoch Gustaf Gründgens, der, damals jung und sehr verführerisch, auch in dem Film mitwirken sollte. Er war steif und ungelenk und fürchtete sich sehr. Darum gaben es alle beide auf. Diesmal wurde kein Double gesucht, sondern ein Trick angewendet. Es wurde ein Jagdfeld mit etwa zwölf Reitern, teils in roten Röcken (obwohl es damals noch kein Fernsehen und keinen Farbfilm gab), teils in anderer reiterlicher Tracht, zusammengestellt. Auch Margarete und ich ritten mit in dem Feld. Gründgens und Fröhlich saßen umgekehrt, also rücklings auf dem Kühler eines Autos und hielten die Zügel in der Hand, die der Beifahrer aus dem offenen alten Horch, der einen langen und breiten viereckigen Kühler hatte, entgegenhielt. Neben dem Jagdfeld herfahrend sah es aus, als ritten sie, da sie auch die dazu nötigen Bewegungen vollführten. Die Kamera filmte nur die Oberkörper mit den sich bewegenden Zügeln. Wir mußten mal schneller, mal langsamer reiten. Das Auto fuhr neben den Hindernissen auf dem Bornstedter Feld einher, und von Zeit zu Zeit taten die beiden Kühlerreiter so, als sprängen sie, indem sie ihre Oberkörper in die Luft hoben.

Gründgens hat danach nie wieder ein Pferd bestiegen – vermutlich auch keinen Kühler. Fröhlich blieb ein häufiger Besucher des Stalles und unternahm weite Ausritte in die Havellandschaft. Mein Vater bestimmte mich zu seinem Begleiter. Unterwegs erzählte er aus seiner Kindheit, die bei einem Wanderzirkus, wo er als Waisenkind ein Zuhause gefunden hatte, wechselvoll und aufregend gewesen war.

Er fuhr nach Rom, um dort den Film «Die Heilige und ihr Narr» zu drehen. Aus Rom sandte er Margarete Erdbeeren und mir Rosen. Damals wünschte ich, es wäre umgekehrt gewesen.

Das nächste filmische Ereignis waren für Margarete und mich die Aufnahmen zu dem Film «Reitet für Deutschland». Der Schauspieler Willy Birgel spielte den Freiherrn von Langen. Er brauchte kein Double. Er war selbst ein hervorragender Reiter. Einst Kavallerie-Offizier gewesen, ritt er auch die schwierigsten und gefährlichsten reiterlichen Stellen selbst. Wir beide waren lediglich englische Pferdepflegerinnen, die ihm ein Pferd nach dem anderen auf den Trainingsplatz bringen mußten. Im zweiten Teil des Films brachten wir die Pferde ins riesige UfA-Atelier nach Neubabelsberg, es war ein schöner Ritt von Potsdam dorthin – und alles Weitere ereignete sich im Atelier, was wir nie verstanden haben. Man hatte dort einen künstlichen Wald mit einer Brücke aufgebaut. Warum wohl, war doch der schönste draußen vor der Tür. Birgel ritt durch den Wald über eine Brücke, wir kreuzten auf zwei Schimmeln, der eine hieß «Hofdame», seinen Weg. Er grüßte, ritt weiter, das war alles. Die Szene wurde etwa ein dutzendmal gedreht – schon bald darauf wurde der Film im UfA-Palast in Berlin erstaufgeführt. Margarete und ich bekamen Freikarten. Natürlich sahen wir uns als zukünftige Filmstars oder auch als Dauer-Doubles und hofften sehr, uns auf der Leinwand bewundern zu können. Aber ach, in schneller als Sekundenschnelle rauschte die Waldszene über die Leinwand, und die englischen Pferdepflegerinnen waren ganz und gar gestrichen – einfach fortgelassen. Wir waren enttäuscht. Willy Birgel erschien nach der Vorstellung auf der Bühne und verbeugte sich vor dem Publikum, das aufstand und «Deutschland, Deutschland über alles» sang. Wir schauten uns verdutzt an – man bedeutete uns, auch aufzustehen und zu singen, denn der Film hieße ja nicht umsonst «Reitet für Deutschland». Das hatten wir ganz vergessen über der großen Enttäuschung!

Der aufkommende Nationalsozialismus begann damals schon, eine Kluft in Familien und Freundschaften zu bringen. So entzweiten sich zum Beispiel die Hohenzollernfamilien. Das ging so weit, daß die verschiedenen Familienzweige sich aus dem Wege gingen. Prinz August Wilhelm lebte mit seinem Sohn Alexander in einer Wohnküche der Villa Liegnitz. Alexander ritt, lud mich in die Villa Liegnitz ein, um mir zu zeigen, wie einfach er lebte. Eine Mutter gab es nicht, und wirklich kochten beide – Vater und Sohn – selbst in der Wohnküche, wo sie auch Besen und Kehrblech handhabten. Sie taten es aus Gründen des Nationalsozialismus, für den sich beide begeisterten, mehr und mehr. Ich begriff nicht, was die Wohnküche mit der Politik zu tun hatte – heute glaube ich, es war die Demonstration des «einfachen Lebens».

Prinz Oskar, ein Sohn des Kaisers, fuhr morgens, wenn wir zur Schule radelten, auf einem Fahrrad an uns vorbei. Er trug einen Rucksack auf dem Rücken, und einen Spaten balancierte er in der Hand. So suchte er täglich seinen Garten auf. Seine Tochter, Herzeleide von Preußen, ging mit uns ins Augustastift und hatte nie einen Turnbeutel mit. Die Schuhe trug sie in der Hand. Das wurde natürlich nur von den Lehrern bemängelt.

1935 heiratete sie Prinz Byron von Kurland, dem die Herrschaft Groß-Wartenberg in Schlesien, hart an der polnischen Grenze, gehörte. Mein Mann und ich wurden später Nachbarn dieses Paares. Den polnischen Teil ihrer Besitzungen, der an Groß-Wartenberg grenzte, hatten sie nach dem Ersten Weltkrieg verloren. So waren sie verarmt, und wenn man sie besuchte, wandelte man auf abgenutzten Teppichen. Die nette französische Mutter des Prinzen saß auf seidenen Sesseln, aus denen unten die Federn herausschauten. Sie war klug, sehr gebildet und voller Charme. War man zum Abendessen eingeladen, so stand hinter jedem Stuhl ein Diener, was mir die Sprache verschlug. Ich wußte nie, was ich in ihrer Gegenwart reden sollte. Heute ist mir der Lebensstil begreiflich, sie wollten gerade so leben, wie es ihrer Mentalität entsprach: die französische Mutter genial, der Prinz prinzlich, Herzeleide – Schrebergarten gewohnt – in preußischer Sparsamkeit.

Das Augustastift in Potsdam

Potsdam, die Stadt der Soldaten, Potsdam, die Stadt der pensionierten Offiziere. Alte Generale und Oberste gingen, gefolgt von einem ihnen stets sehr ähnlich sehenden Hund, im Neuen Garten spazieren, umrundeten den Heiligen See, den Kopf vorgeneigt, die Hände auf dem Rücken verschränkt, den Spazierstock durch die zurückgenommenen Ellenbogen gesteckt. Das auffälligste Sinnbild dieser Klasse war Exzellenz Lepper. Groß, grau und gebeugt, nutzte er seinen wirklich mit einem Hundekopf versehenen Spazierstock, um sich darauf zu stützen. Ihm folgte ein russischer Barsoi, der seinen Kopf ebenfalls gesenkt trug, den gleichen Schritt im Takt anwandte wie sein Herr und im Nebel quasi in denselben überging, denn sein Grau unterschied sich nicht von der Kleidung der Exzellenz.

Diese beiden traf ich jeden Morgen auf meinem Schulweg ins Augustastift, das am Ende der Albrechtstraße lag, deren rechte Seite die Mauer des Neuen Gartens bildete, während links alte Villen in großen, dunklen, baumbestandenen Gärten lagen. Die Albrechtstraße endete mit einer Brücke, die weit hineinführte in einen der Havelseen. Eine Fähre verband die Brücke mit dem anderen Ufer, das einen verlockenden, breiten, sandigen Badestrand bot, zu dem hinüberzuschwimmen ein begehrtes Ziel aller Schüler war.

Bevor ich diese Schule mit dem reizvollen Schulweg besuchen durfte, mußte ich einige Privatstunden bei Fräulein von S. über mich ergehen lassen. Das ist ganz wörtlich gemeint, denn über mich ergingen viele Stockschläge mit einem Rohrstock, der bei jedem Fehler blitzschnell auf meinem Handrücken landete. Fräulein von Seydlitz brachte mir mit Hilfe dieses Stockes Rechtschreibung und Zeichensetzung bei sowie, etwas verfrüht allerdings, die Bruchrechnung und einen Trick, der dazu diente und auch heute noch hilft, in Sekundenschnelle das große Einmaleins auszurechnen. Ihr verdanke ich auch die Kenntnis vieler Balladen, deren Inhalt mich damals verzauberte – wie zum Beispiel «Der Kampf mit dem Drachen». Den Ritter sah ich deutlich vor mir und stellte mir vor, wie er seine Hunde und sein Pferd an dem künstlichen Drachenbild ausgebildet hatte. Auch viele Bibelsprüche lehrte sie mich – konnte ich das aufgegebene Gedicht oder den Psalm am nächsten Morgen nicht, so kam der Stock unbarmherzig unter ihrem grauen Faltenrock hervor. Und wirklich war es so, wie sie gesagt hatte: In vielen Notzeiten – auf der Flucht und während des Krieges – sagte ich mir ständig Stellen aus den Gedichten oder Psalmen auf, die mich trösteten. So vor allem während der heißen Schlachten an der Ostfront die eigentlich sehr egoistischen Psalmworte: «Und wenn tausend fallen zu deiner Rechten und zehntausend zu deiner Linken – so wird es doch *dich* nicht treffen!» Ich glaubte sicher, mit diesem Psalm das Leben meines Mannes zu schützen. Später, als im Jahr 1945 schon die Mündungsfeuer der russischen Geschütze über die Schildberger Höhen hinweg sichtbar waren – draußen 30 Grad Kälte herrschten und hoher, knirschender Schnee die Straßen unwegsam machte –, beteten meine Mutter und ich die Worte des Propheten Jesaja: «Wenn es aber geschehe, so gib, daß unsere Flucht nicht im Winter geschehe.» Das Gebet wurde nicht erhört – ebensowenig wie die zum Schutze eines Lebens gebeteten Psalmworte.

Fräulein von S. hieß in Potsdam allgemein «Die Dame ohne Unterleib». Sie hatte sehr kurze Beine, die sie durch ihre Kleidung noch betonte, was in der Stadt der Kavallerieregimenter rasch zu dem Spitznamen geführt hatte. Es gab noch eine Zwillingsschwester, die die gleiche Gestalt hatte, den gleichen Hut und Mantel trug und der klugen Privatlehrerin den Haushalt führte. Da sie aber nie zusammen ausgingen, man stets nur eine auf der Straße sah, war immer nur von *dem* Fräulein von S. die Rede.

Endlich hatte sie, die strenge Lehrerin, mich soweit gebracht, daß ich die Aufnahmeprüfung in die Sexta des Augustastiftes bestand. Mein Vater hatte mich daheim des Abends in die französische Sprache eingeführt, was mir dazu half, in den unteren Klassen, solange ich noch fleißig war, stets eine Eins in Französisch zu haben. Später hörte der Fleiß auf – und die Kenntnisse, die ich bei meinem Vater erworben hatte, gerieten bald in Vergessenheit.

Man wurde damals nach Leistung gesetzt. Elisabeth Renner und ich wetteiferten um die ersten beiden Plätze. Bald erkannte ich, daß der Ehrgeiz nur Mühe einbrachte, der Eifer ließ nach, und ich wanderte der Mitte, später dem Ende zu, wo ich mich mit Irene Klausnitzer vereinte, der späteren Frau des Dichters von Unruh und selbst Ärztin. Elisabeth Renner hatte einen Vater, der das Reichsarchiv leitete, wodurch Elisabeth über alle Schlachten, die das preußische Heer je geschlagen hatte, gut Bescheid wußte, was ihr in dem von der Kronprinzessin protegierten Augustastift Ruhm und Ehre und große Bevorzugung einbrachte. Elisabeth sollte in meinem späteren Leben noch eine Rolle spielen.

Augustastift! Der Name stammte von der Kaiserin Augusta, die es für Waisenkinder und Halbwaisen gefallener Soldaten gegründet hatte. So hatte auch noch im 20. Jahrhundert die Hohenzollernfamilie das Protektorat über das Stift. Das sollten wir noch auf vielfältige Weise zu spüren bekommen.

Die Prinzen

An einem Tag in jedem Monat kam die Kronprinzessin Cecilie zu Besuch ins Stift. Drei Tage vorher tat ein Anruf aus Schloß Cecilienhof das bevorstehende Ereignis kund. Fieberhafte Aufregung bemächtigte sich der Stiftsdamen. Im allgemeinen war es üblich, daß immer dann, wenn wir bei einer männlichen Lehrkraft Unterricht hatten, eine sogenannte «Aufsicht» dabeisaß und strickte. In den drei Tagen vor dem Kronprinzessinnenbesuch aber fiel die Aufsicht weg – prompt verdunkelte der Physiklehrer das Physikzimmer zu «Versuchen».

Indes beaufsichtigten die Stiftsdamen die putzenden und scheuernden Mädchen und schmückten die Kapelle aus, in der jedesmal eine Andacht verrichtet wurde, wenn ein Mitglied der Hohenzollernfamilie erschien. Mittags mußten wir alle antreten, um den Hofknicks zu üben. Man mußte einen Meter von der Wand fort und zimmereinwärts treten – etwa so, wie bei einer Vorhandwendung –, dann sank man auf das rechte Knie nieder, wobei der Rock – einerlei, ob eng oder weit – so breit wie möglich mit beiden Händen zierlich seitwärts gespreizt wurde, Oberkörper und Kopf so weit wie möglich nach vorn geneigt, jedoch das Haupt wiederum leicht erhoben, damit man das strahlende und doch verschämte Lächeln sehen konnte, das unsere Freude über den Besuch anzeigen sollte. Lange und oft mußten wir in dieser Stellung verharren. Das Knie, das dünn und knochig war – jedenfalls bei den meisten –, schmerzte erheblich durch den harten Fußboden, der Rücken wurde steif, und wir begannen, den Hofknicks zu hassen, wobei wir alle Schuld für unsere Mühsal der armen Kronprinzessin zuschoben, die wir respektlos «Cecilie» nannten. Angestaute Rachegefühle hatte vor allem mein Freundin Gertrud. (Ihr Bruder, ebenfalls mein Freund, ging zu den Jesuiten und ruderte auf der Olympiade 1936 als Mönch in einem Achter zur Goldmedaille.)

Gertrud also sägte heimlich dem für die Kronprinzessin vorgesehenen Sessel ein Bein ab. Sie klebte es wieder an. Der Tag des Besuchs nahte. Spannung, Angst, Gewissensbisse bemächtigten sich unser. Der Sessel wurde von der Oberin Moeller persönlich neben das Pult getragen. «Cecilie» nahte. Wir versanken in den Hofknicks. In Gertruds Hirn kreisten indes entsetzliche Gedanken. Was, wenn sich die Kronprinzessin ein Bein bräche – würde man ihre Schuld entdecken? Sie schielte zu dem Sessel – soeben wollte die erlauchte Prinzessin sich setzen, da schrie Gertrud, allen Respekt vergessend: «Cecilie, nicht setzen, der Stuhl kracht!» Die Angerufene lächelte, nahm einen Stuhl aus unseren Reihen, setzte sich darauf und sagte: «So, ihr wolltet wohl einen Spaß erleben? Recht nett, daß ihr es noch rechtzeitig gesagt habt.»

Von dem Moment an nannten wir sie nie mehr «Cecilie», nur noch mit Hochachtung sprach man von ihr. Das Gesicht der Oberin aber war bei Gertruds Worten versteinert. Gertrud entfloh in der folgenden Nacht aus dem Stift und kehrte heim zu ihren Eltern. Von dem Nachspiel haben wir in der Welt unserer Schulklassen nichts erfahren.

Wenn der Kronprinz nahte, brauchten wir keinen Hofknicks zu machen. Männer durften wir ja sowieso nicht sehen. Kamen Väter oder Brüder zu Besuch, so mußten sie ihre Töchter oder Schwestern auf einem breiten Flur treffen. Rechts und links an den Wänden standen Bänke. Die Väter mußten den Töchtern gegenübersitzen, niemals daneben. Ging die Stiftsschlange spazieren, so traf man oft radelnde Jungen, am Havelufer auch rudernde Knaben, die sich einen Spaß daraus machten, die Aufmerksamkeit der Mädchen auf sich zu lenken. Dann riefen die begleitenden Damen wie aus einem Munde «Augen links» (wenn die Jungen rechts waren).

Der Kronprinz also bekam uns nicht zu Gesicht. Wir waren aber alle fotografiert worden, und er hatte, wie wir später erfuhren, von jedem Stiftskind ab fünfzehn Jahren ein Porträtfoto erhalten. Jeden Samstag fuhr das Auto aus Cecilienhof mit Chauffeur und Kronprinz Wilhelm vor und holte eines der Mädchen aus den Oberklassen ab. Sonntag abend wurden sie zurückgebracht, nachdem sie ein munteres Wochenende in Berlin verlebt hatten.

Ich hatte nie den Vorzug, abgeholt zu werden, ebensowenig wie meine Freundin Marga. Hingegen überlegten wir, was wir täten, wenn wir abgeholt würden und er uns anfassen würde. Wir beschlossen, ihm einen Finger abzuschneiden, und übten das, indem wir unsere Taschenmesser schärften und steinhart gekochte Eier in die Luft warfen; die mußte das Taschenmesser schneiden. Es ist mir nie gelungen, wurde auch nie notwendig, da zu guter Letzt eine andere seine Favoritin wurde.

Die preußisch-strenge, asketisch lebende Oberin wurde in einen harten Konflikt gestürzt, als zwei Hohenzollernprinzen einen bösen Streich verübten: Im Schloß Cecilienhof fand regelmäßig eine Tanzstunde statt, zu der auch ich geladen war. Prinz Fritzi und Prinz Alexander hatten Freunde gebeten, dazu kamen vier Mädchen – Marga, ich und zwei andere Stiftskinder. Es ging so steif und förmlich in diesen Stunden zu, daß mir schon vorher vor dem kahlen Parkett schauderte. Zuweilen sahen auch die jüngeren Prinzessinnen dabei zu, Cecilie und Alexandrine. Letztere war geistig und körperlich behindert und wurde nur für kurze Augenblicke hereingeführt. Als Reaktion auf die beklommene, starre Stunde waren wir hinterher übermäßig ausgelassen. Die Prinzen durften uns ein Stück begleiten und waren dann, der häuslichen Atmosphäre entronnen, noch übermütiger als wir. So kam es, daß sie sich eines Abends als Gespenster verkleideten, ins Fenster eines der Mädchenschlafsäle eindrangen, mit Kerzen in der Hand von Schlafsaal zu Schlafsaal wandelten. Als eine der Damen im angrenzenden Schlafgemach sich scheinbar rührte, ließen sie die Kerzen stehen und entflohen so, wie sie gekommen waren. Durch den Luftzug des sich öffnenden Fensters fingen die Vorhänge Feuer, und es entstand ein Schlafsaalbrand. Die Mädchen stürmten aufgeregt davon, im Treppenhaus entstand ein Chaos, man hatte den brennenden Schlafsaal verlassen, und ehe ans Löschen gedacht werden konnte, hatten die Flammen schon weit um sich gegriffen.

Drei Tage blieb die Schule geschlossen. Am vierten Tag glaubten wir, die Oberin würde ihre Empörung laut kundtun, uns in der Aula zusammenrufen, nichts dergleichen geschah. Sie hatte irgendwie erfahren, daß es die Prinzen gewesen waren, die Gespenst gespielt hatten – fortan schwieg man über den Vorfall. Auch unter den Mädchen durfte nicht darüber gesprochen werden. Wer ein Wort verlauten ließ, wurde streng bestraft.

Über das damalige Leben im Augustastift hat Christa von Lewinski eine Internatsschülerin aus dem Stift, ein Buch geschrieben. Es wurde unter dem Titel «Mädchen in Uniform» verfilmt.

Eine bedauernswerte Lehrerin war Frau Wüstemann. Sie hatte einen behinderten Mann und etliche Kinder. Sie mußte das Brot verdienen für ihre Familie. Weit davon entfernt, dafür Verständnis zu haben, ärgerten wir die Ärmste und schwänzten ihre Stunden. Im Biologieunterricht gaben wir an, Kaulquappen für das Aquarium holen zu müssen, trafen uns am Heiligen See mit den Prinzen, um während der Stunde mit ihnen zu rudern. Kaulquappen fanden sich dann noch rasch, um sie in einem Marmeladenglas mitzubringen. Eines Tages setzte sich die ganze Klasse mit den Stühlen *auf* die Tische und behauptete, als Frau Wüstemann hereinkam, so besser lernen zu können. Später, in meiner Zeit als Lehrerin, habe ich oft daran gedacht, wie respektlos und unnachsichtig wir Frau Wüstemann gegenüber waren, und habe ähnliche Eskapaden meinen Schülern kaum übelgenommen. So lernt der Mensch *manchmal* doch ein wenig aus Erfahrung.

Doch meine Zeit im Stift nahm ein jähes Ende. Eines Tages hieß es: «Lili Sasse ist geflogen.» Lili war Internatsschülerin und litt sehr unter dem Zwang. Alle Aggressionen wurden in ihr geweckt, zumal sie daheim auf dem östlichen Gut in großer Freiheit aufgewachsen war. Sie war der Oberin ein Dorn im Auge, und eines Tages geschah ein Wortwechsel, der damit endete, daß Lili aus dem Stift entfernt wurde. Darauf hatte sie es angelegt und war glücklich, als ihr Vater sie abholte. Meine Freundin Irene Clausnitzer war die nächste, die flog. Sie hatte in der Stiftskapelle den Talar von Pastor Krummacher angezogen und ihn nachgeahmt. Dabei war sie ertappt worden. Die Dritte im Bunde war ich. Der Grund war ein gänzlich außerschulischer:

Neben unserem Haus wohnte ein Witwe mit zwei sehr schönen und auch klugen Söhnen. Werner und Hans-Georg Grohe. Der jüngere, Hans-Georg, war ein Freund, der immer zur Stelle war, wenn man ihn brauchte, niemals lästig wurde, gute, aber gemäßigte Streiche im Sinn hatte und ein großer Segler war. Als ich eines Tages auf einem der Havelseen mit ihm segelte, fiel ich ins Wasser. Ein schneidend kalter Wind wehte an dem Tag. Ich hatte nichts Trockenes anzuziehen. Hans-Georg gab mir seine Anzugjacke, ich hüllte mich darin ein und setzte mich frierend an die Uferböschung, indes er heimradelte, um trockene Sachen zu holen. Gerade in dem Moment kam die «Stiftsschlange» vorbeimarschiert. Statt der begleitenden Damen war heute die Oberin persönlich mitgegangen. Sie sah mich sitzen, sah meine nackten Beine, die die kurze Jacke nicht bedecken konnte, und rief mir von oben zu: «Ursula, zieh dir sofort etwas an, es ist unglaublich, wie du deine Beine zeigst.» Ich erklärte, warum ich das nicht könne. «Das wird Folgen haben», sagte sie und zog mit der uniformierten Schlange fort. Die Folge war mein Rauswurf. Sicher war der Segelunfall nur ein willkommener Anlaß für die Oberin, mich loszuwerden. Meine Eltern lachten, als sie den Grund erfuhren. Wir jungen Menschen waren aber damals töricht, leichtsinnig und uneinsichtig.

Was nun? Ich hatte nur noch zwei Jahre bis zum Abitur. Da ich mit fünf Jahren zur Schule gekommen war, war ich damals erst fünfzehn. Meine Eltern fanden es gut, wenn ich diese beiden letzten Schuljahre in einer kinderreichen Familie zubrächte. So reiste ich nach Emden, wo ich einen Onkel hatte, der dort Landrat war und auf einer alten Wasserburg lebte.

Die Familie hatte vier Söhne und eine Tochter. Das Gymnasium in Emden lag am Hafen. Es war eine leichte Schule mit einem sehr freien Ton, ein Gegensatz zum Augustastift. Jeden morgen radelten wir den acht Kilometer langen Schulweg auf ebener Straße, im Winter fuhren wir mit der Kleinbahn oder, wenn es Eis gab, auf Schlittschuhen auf dem «Kanal» nach Emden. Es war eine unbeschwerte Zeit.

Emden

Groß war damals der Unterschied zwischen dem freien friesischen Bauerntum und den Arbeitern. Die lebten auf kleinbürgerlichen Besitzungen, meist in strohgedeckten Katen unter einem weiten Küstenhimmel, an dem ständig weiße Wolken umherfuhren. Die unterprivilegierten Friesen strebten nach der Friesenfreiheit, die die Großbauern sich durch die Jahrhunderte bewahrt hatten. Ihr Land war aber zu klein, sie blieben arm und radelten darum nach Emden, um auf der Werft zu arbeiten. Vom Kommunismus erhofften sie sich eine wundervolle Zukunft. Sie waren es auch, die mit als erste die Gedanken des Nationalsozialismus aufgriffen. Bald sah man viele von ihnen in SA-Uniform.

Ich begegnete dem Nationalsozialismus zum erstenmal, als der Kreuzer «Emden» im Hafen anlegte. Kommunisten mit Gewehren waren am Kai aufmarschiert und erschossen als erstes den kleinen Bären, den die Matrosen als Maskottchen mitgebracht hatten. Damit verscherzten sie sich die Sympathien der Seeleute, die vermutlich eigentlich für das marxistische Gedankengut empfänglich gewesen wären. Als die Offiziere an Land gehen wollten, wurde geschossen. Die Offiziere schossen nicht zurück, sondern zogen sich in das Schiffsinnere zurück. Der Tod des unschuldigen kleinen Bären hatte auch mich empört. Als jetzt ein SA-Sturm anmarschiert kam, um die Offiziere zu «befreien», war ich nach allem, was vorgefallen war, auf der Seite der SA. Es begann eine wilde Schießerei, bei der der Bäckerlehrling, der zu dem SA-Sturm gehörte, einen Arm verlor.

Für uns Primanerinnen war dieser Jüngling nun die Verkörperung des Heldentums. Ich besuchte ihn im Krankenhaus, wo er mich davon überzeugte, daß ich unbedingt «Mein Kampf» lesen müßte. Unser Englischlehrer (an dem die ganze Klasse *heiß hing)* gründete eine NS-Arbeitsgemeinschaft, in der «Mein Kampf» durchgenommen wurde. Als uns leise Beunruhigung beschlich, weil wir den Fanatismus spürten, der aus dem Buch sprach, ließ uns der Lehrer den Programmpunkt unterstreichen, in dem es hieß: «Die Partei steht auf der Grundlage des positiven Christentums.» Damit war ich damals als politisch unwissende Schülerin vollständig beruhigt und trat in die Hitlerjugend ein. War man achtzehn Jahre alt geworden, so wurde man automatisch aus der HJ in die Partei übernommen. Solches geschah mit mir am 1.2.1933, was aus der Karteikarte hervorgeht, die die Amerikaner aus dem zerbombten Führerbunker 1945 hervorgesucht, mich nach Flucht und Heimatwechsel aufgespürt und vor die Spruchkammer zitiert haben – wie Millionen andere auch. Ich mußte 5000 Mark Strafe bezahlen und bekam dieses Geld jahrelang von meinem Gehalt als Schulhelferin, später als Lehrerin, abgezogen, nachdem ich endlich einen neuen Beruf erlernt und mit meinen Kindern wieder einigermaßen gesättigt und mit neuer Hoffnung leben konnte.

Die 5000 Mark kamen dadurch zustande, daß ich, weil Anfang 1931 in die HJ eingetreten, automatisch das Goldene HJ-Abzeichen verliehen bekam. Die Amerikaner, die nicht den geringsten Einblick in die Zusammenhänge der Anfänge der dreißiger Jahre haben konnten, entnahmen aus der Verleihung des Abzeichens, daß ich eine besonders gefährliche, propagandamachende «alte Kämpferin» gewesen sei, und sannen auf harte Strafen. Dem Gefängnis entging ich nur durch die Fürsprache eines idealistischen deutschen Kommunisten, der Beisitzer an der Spruchkammer Bebra war und ein seltsam tiefes Verständnis für die Vergangenheit, die Geschehnisse in Emden und auch für meine Erlebnisse zeigte. Ihm verdankte ich meine rasche Heimkehr in einem von Negern gesteuerten, rasenden offenen Jeep und die Erlassung der Gefängnisstrafe.

Wir waren damals weit weniger reif, weniger selbständig im Denken, als die Jugend es vielfach heute ist. So konnten uns äußere Ereignisse leicht beeinflussen und jede Objektivität töten. Vermutlich ist darin auch einer der Gründe für die rasche Verbreitung des Nationalsozialismus zu suchen.

In die Emdener Zeit gehören die Radfahrten nach Greetsiel, wo die Strandläufer das Watt belebten, wo Krebse und Hummer zu finden waren und wo die Fischer Krabben fischten und abends mit bunten Lampen ruhig heimzogen, die schweren Netze voller

«Granat» im Schlepptau. Wenn die Netze am Strand ausgeschüttet wurden, wurden die Räuchertonnen angezündet, und man roch bis weit ins Land hinein den würzig-salzigen Duft von «Granat». Am hohen grünen Deich weideten zu jeder Jahreszeit die Milchschafe mit ihren gutmütigen Gesichtern und tief herabhängenden Eutern. Sie schienen mir die Verkörperung der Fruchtbarkeit des Marschlandes.

Im Dorfe Pewsum lebte der Messingschmied, der die Tee-Stövchen kunstvoll anfertigte und weißblaue ostfriesische Kacheln mit Windmühlenmustern in Messing einfaßte. Seine Frau hatte, wie viele Frauen in den Marschen, einen mächtigen Kropf. Man sagte, das käme vom reichen Jodgehalt der Luft. Eines Tages wandelte auf dem Deich zwischen all den Schafen ein einsamer Matrose. Die Bänder der blauen Matrosenmütze flatterten lustig im Wind. Die ganze blaue Silhouette hob sich wie in einem Bilderbuch gegen den von Windwolken übersäten Himmel ab. Ich war zunächst nur neugierig auf die Aufschrift, die in goldenen Buchstaben auf dem blauen Band einer jeden Matrosenmütze zu lesen war. Hieß es etwa:

«Emden» – dann wäre er ja einer von den heldenhaften Kämpfern!? Unauffällig wollte ich an dem Objekt meiner Neugier vorbeischlendern. Da entdeckte einer der auf der Marsch weidenden Bullen meine rote Bluse und raste mit gesenkten Hörnern, mächtig schnaubend, auf mich los. Ich ergriff die Flucht, ließ meinen Wiesenstrauß fallen, in der Hoffnung, er könne dem Bullen ein Ersatz für mich selbst sein – und übersprang einen tiefen, die Weide trennenden Graben. Der Bulle war kein Sportler und trottete im Schunkeltrab davon. Ich hatte mir aber im Sprung einen Knöchel verstaucht und hüpfte auf einem Bein weiter. Der Matrose war – schneller als der Wind – herbeigeeilt und trug mich, als wäre ich eine Pusteblume, auf den Deich, wo er sich's neben mir bequem machte. Auf dem blauen Band aber stand etwas Enttäuschendes: «Deutsche Handelsmarine».

Wenn der Matrose Rudi Franzius auch kein Held war, so wurde er mir doch ein guter Freund. Er besaß ein Motorrad. Außerdem bedeutete die Tatsache, daß er bei der Handelsmarine diente, daß er oft lange Wochen an Land zubrachte.

Er bat mich, ihn zu der ersten Hitlerrede in der Viehhalle von Bad Zwischenahn zu begleiten. Matrosen wollten den Saal besetzen, ich sollte Zeuge der Ereignisse werden. Die Viehhalle war überfüllt. Einige Plätze waren reserviert für Honoratioren. Ein Mann maß mit dem Rand seines Schlapphutes die Zentimeter ab, die man für seinen Sitzplatz benutzen durfte. Vorne war sehr zackig, mit vielen Fahnen, SA aufmarschiert.

Jetzt hörte man dröhnende Marschschritte, flankiert von SA kam Adolf Hitler in den Saal marschiert. Die linke Hand hielt das Koppelschloß – «Mit Gott» –, die rechte, mit erhobener Handfläche, grüßte die Menge, die er mit starrem Blick musterte, indem er die Beine in den kurzen Knobelbechern gewaltsam hochhob und wieder zur Erde knallte. Dazu ertönte das Horst-Wessel-Lied, das aber kaum zu hören war, denn die Heilrufe der Versammelten versuchten die Pfuirufe der Andersgesinnten zu übertönen.

Hitler stellte sich auf ein Podium und starrte wie ein Hypnotiseur auf seine Opfer in dem Saal. Die Wirkung war faszinierend. Sogleich herrschte Ruhe.

Abermals blickte er mehrfach starr rundum. Dann ging die Rede los. Die ganze brausende, mit bedrohlichem Nachdruck gesprochene Rede ist mir noch heute in deutlicher Erinnerung. Zur Bekräftigung bedeutender Passagen schlug er mehrmals mit der geballten Faust aufs Podium, griff mit der linken Hand ans Koppel und wandte sich wie ein zorniger Drahthaarterrier auf der Tribüne von links nach rechts, wobei er zuweilen in der Wendung innehielt und beschwörende Blicke aus starr hervorquellenden Augen auf die Menge heftete, wobei er nicht den Namen Gottes, aber den von ihm erfundenen Ersatz dafür, nämlich «die Vorsehung», dauernd zu Hilfe rief, als habe er ein Komplott mit dieser Vorsehung geschlossen und sei seinerseits von ihr ausersehen zur Rettung der irregeleiteten Menschheit. Die Vorschläge, die er zu dieser Rettung machte, erscheinen mir heute so fadenscheinig, daß es unglaubhaft erscheint, daß irgendein Mensch davon überzeugt werden konnte – und doch war es so, daß eine Faszination von dem Redner Hitler ausging, die eine bezwingende, suggestive Kraft hatte.

Die Kommunisten und «Stahlhelmtruppen», die der Rede beigewohnt hatten, betonten nach Schluß ihren Gesinnungswandel und nahmen Kontakt zur SA auf – alte Frauen schrien begeistert «Heil!» Und man sah und hörte keinen Gegner mehr. Das ist um so erstaunlicher, wenn man hört, wie fadenscheinig diese Worte waren: Deutsche Jungen sollten keine «Röhrenhosen» tragen, solch unmännliches Gebaren sei allein den Judenlümmeln vorbehalten. Hugenberg, der Führer der Deutsch-Nationalen, habe eine Schreibmaschine beim Juden gekauft, das sei ein Zeichen, wie undeutsch diese Partei sei, man dürfe sie nicht wählen – ein anderer Parteichef habe eine Villa erworben, er dagegen, Adolf Hitler, sei arm wie eine Kirchenmaus und denke nicht daran, sich mit den Geldern seiner Anhänger zu bereichern. *Das* vor allem war es, was in den Hütten der Armen später lobend und mit Begeisterung erwähnt wurde.

Es war das Jahr 1931! Die NSDAP wuchs – ihre Sitze im Reichstag mehrten sich.

München 1929

Lange vor den Ereignissen in Bad Zwischenahn hatte ich eine ganz persönliche Begegnung mit Adolf Hitler, die mich jedoch weit weniger beeindruckte. Es war in München im Jahr 1929.

Meine Freundin Irene Clausnitzer hatte mich in den Ferien in ihr Heim in Solln bei München mitgenommen. Irenes Mutter war befreundet mit einem Major Buch. Er wohnte inmitten eines parkartigen Gartens, in dem wir Kinder Versteck spielen durften.

Eines Tages wurden wir zur Hochzeit bei Buchs eingeladen. Gerda Buch, die schöne blonde Tochter des Majors, heiratete einen Mann namens Martin Bormann. Es war der später berühmte und berüchtigte Reichsleiter Bormann. Zur Hochzeit, die in einer Kirche stattfand, waren Gerda und Martin Bormann in braune Hemden gekleidet. Martin Bormann, viel kleiner als seine Frau, stand auf der ersten Altarstufe, sie dagegen zu ebener Erde.

Nach der Trauungszeremonie versammelte sich die Hochzeitsgesellschaft im Buchschen Garten. Drei oder vier der Gäste trugen Braunhemden, andere waren in Zivil, nicht hochzeitlich gekleidet, eher jugendbewegt, so zum Beispiel der große, schlanke, muntere Student Rudolf Heß, der einen Rollkragenpullover trug und sich freundlich und verständnisvoll mit uns Kindern beschäftigte. Wenn ihn irgend etwas verwunderte, so rief er aus: «Das schlägt dem Faß die Krone ins Gesicht!»

Die Fröhlichkeit brach jäh ab, als Jesuiten aus dem nahen Jesuitenkloster an der Gartenmauer vorbeigingen. Zu meiner größten Verwunderung lief Major Buch auf die Mauer zu, drohte mit der Faust und rief den Jesuiten Schimpfworte zu, die ich aus dem Munde dieses edel wirkenden Menschen gar nicht wahrhaben konnte.

Wir versammelten uns in der Laube, um «Teepilz» zu trinken, eine Art Kefir. Da erschien, eine Zeitung unter dem Arm, in einem zerknitterten Anzug, Schlapphut auf dem Kopf, mager, mit Bärtchen, Adolf Hitler, begleitet von dem späteren General Zorn, der im Zweiten Weltkrieg mit dem Kreuzer Blücher unterging. Hitler setzte sich zu uns in die Laube und las mit bezwingender Stimme einen Artikel aus dem *Völkischen Beobachter* vor, von dessen Bedeutung ich nichts verstand. Es handelte sich um den Mörder Kurt Eisners, einen österreichischen Grafen, der aus der Thule-Bewegung hervorgegangen war und die echt demokratischen Ziele des politisch klug und für die damalige Zeit hilfreich und aufbauend denkenden Eisners nicht begriffen hatte. Hitler aber lobte den Mörder, da Eisner Jude gewesen war.

All dies erschien uns Kindern wirr und unverständlich. So atmeten wir erleichtert auf, als Hitler uns einlud, in einem uralten offenen Horch mit ihm durch München zu fahren.

Italien

Das Abitur fand frühzeitig schon im Februar statt. Alle bestanden es ohne größere Schwierigkeiten. Abschied nehmen hieß es nun von dem weiten ostfriesischen Himmel, den Möwen und den Milchschafen, von der Burg mit der Zugbrücke und den Freunden, von Rudi Franzius. Was half ihm schließlich die Handelsmarine mit den langen Land-Kommandos? Der Zweite Weltkrieg brachte ihn zur U-Boot-Flotte und mit ihr für immer auf den kalten Meeresgrund.

Abschied auch von Ino, dem Bruder meiner Freundin Gertrud, den wir den «klugen Philosophen» nannten. Noch viele Jahre schrieben wir uns Briefe, dann «ging er in den Krieg» und bekam viele Kreuze – erst das EK II, dann das EK I und zuletzt ein Holzkreuz in Wolhynien. Aber bis dahin war es noch eine Weile.

Zum bestandenen Abitur schenkten meine Eltern mir 200 Reichsmark. Dafür reiste ich mit meiner Schulkameradin Edda Fremer aus Norden – sie war auch eine stattliche nordische Germania – nach Italien. Für 200 Reichsmark konnte man damals ganz schön in Italien herumreisen, Rom und Florenz besuchen, Neapel und Capri, in Venedig Gondel fahren und auf dem Rückweg in den Alpen herumklettern.

Als der Zug am Brenner hielt, stiegen zwei Skiläufer in unser Abteil. Philip Rosenthal, genannt Phips, und Bob Popp. Bobs Mutter betrieb in München eine Pension, Philip war unterwegs nach Bozen zum Sommerhaus seiner Eltern, das am Fuße eines ausgedehnten Weinberges lag. Der melancholische Bob, der Gedichte schrieb, wollte in Verona das Grab von Romeo und Julia besuchen. So stiegen wir alle aus, weil wir uns sympathisch waren und uns von einer gemeinsamen Reise einige Abenteuer erhofften. Das Grab war nichts als eine Felsengrotte, aber Bob verstand es, das Leben des dort begrabenen Liebespaares so zu schildern, als lebten sie noch mitten unter uns. Es zeigte sich, daß die beiden

Knaben kein Geld mehr hatten und schleunigst nach Bozen mußten, um bei den Eltern Rosenthal das Portemonnaie wieder aufzufüllen. So verabredeten wir ein Treffen vierzehn Tage später am Campanile in Venedig um 12 Uhr mittags.

Edda und ich fuhren nach Florenz, Rom und Neapel. Ostern waren wir in Rom. Ostersonntag zeigte sich der Papst dem Volke auf dem Balkon des Vatikans. Der Petersplatz war voller Menschen, die schon seit dem frühen Morgen auf den Segen des Heiligen Vaters warteten. Viele knieten während der ganzen Zeit auf den harten Pflastersteinen. Pilger, Kranke, Alte wurden von den Mönchen betreut, die Wasser in Tonkrügen an die Erschöpften verteilten. Als es Mittag war, die Sonne immer heißer brannte und der Papst noch immer nicht erschien, fuhren wir zum kühlen Meeresstrand nach Ostia, um zu baden. Dort reckten wir unsere steif gewordenen Glieder, turnten am Strand und schwammen weit ins ruhige Meer hinaus. Von einer Landungsbrücke aus wurden wir beobachtet. Ein gutaussehender, elegant gekleideter Italiener kam auf uns zu, als wir uns am Strand abtrockneten. «Conte Gabriele Emo Capodilista», stellte er sich vor. Wir glaubten ihm diesen wohlklingenden Titel nicht und erzählten ihm, wir seien Dompteusen aus dem Zirkus Busch im Genesungsurlaub. Er lud uns ein, im Auto mit ihm nach Rom zu fahren und abends in die Oper zu gehen.

Aus Angst vor Entführung bat ich ihn, selbst fahren zu dürfen. So hielten wir bald vor unserer kümmerlichen Pension in einem berüchtigten Stadtteil. Um 19 Uhr wollte er uns in die Oper abholen. Ich eilte in ein benachbartes Hotel, um im Telefonbuch nachzusehen, ob es ihn wirklich gab. Da stand jedoch sein Name und daneben als Beruf «Gentiluomo». Ich fragte den Portier, was das für ein Beruf sei. Er erklärte mir, das hieße einfach «Edelmann».

Der Edelmann kam jedoch nicht, um uns abzuholen! Wir warteten vergeblich – enttäuscht spazierten wir allein durch das abendliche Rom.

Am folgenden Tag waren wir auf der deutschen Botschaft bei Botschafter von Hassel zu einem Empfang geladen. Unter den Palmen in der Vorhalle wandelte Conte Gabriele Emo Capodilista. Geniert wandte er sich ab, als er uns erblickte. Unser Urteil stand fest: Der Gentleman hatte keinen Humor!

In Venedig trafen wir wirklich zur vereinbarten Zeit Bob und Philip Rosenthal. Sie luden uns zu einer Gondelfahrt ein und später in das alte Haus der Rosenthals.

Philips Vater zeigte uns ein Werk über die Geschichte des Rosenthal-Porzellans.

Der alte Herr erwies sich als ein weltweit orientierter Grandseigneur mit einem umfangreichen Kunstverständnis auf vielen Gebieten. Die Wände des Weinberghauses waren mit Regalen bedeckt, in denen hinter Glas historische Szenen aus Rosenthal-Porzellan aufgebaut waren. Die Sammlungen müssen einen beachtlichen Wert dargestellt haben. Philip und Bob fuhren mit uns nach München zurück, wo Phips sich mit einem Kuß, dem ersten in meinem Leben, von mir verabschiedete. Philip merkte sich das Ereignis, und als ich 40 Jahre später mit dem inzwischen erfolgreichen Politiker Rosenthal telefonierte, erinnerte er mich an diesen Kuß in München.

Aus Italien heimgekehrt, fand ich einen Brief von Hildith Zorn vor, die mir vorschlug, in dem von einem Kreis Jugendbewegter erdachten «Landjahr» mitzuarbeiten. Führer der Gruppe war ein phantasiereicher, organisatorisch begabter Herr Fischer. Unter ihm wirkte ich in einem sogenannten Landjahr-Schulungslager in Wernigerode mit, wo ich über Sinn und Gehalt der Einrichtung unterrichtet wurde.

Bald darauf wurde ich dazu bestimmt, 60 Kinder aus Mühlheim-Ruhr abzuholen, die eine Art 9. Schuljahr bei Landarbeit und nützlicher Umweltgestaltung mit Sport und Spiel erleben sollten. Es zeigte sich, daß das Landjahrlager Priros im Spreewald, wo wir nachts eintrafen, noch gar nicht fertig war, und man kann sich denken, wie es auf die Großstadtkinder wirkte, auf rohen Planken schlafen und sich an einer Pumpe waschen zu müssen. Licht gab es gar nicht, auch keine Kochmöglichkeit. Nach wenigen Tagen wurden wir erlöst und nach Schlaborn bei Rheinsberg in Marsch gesetzt, wo wir ein altes Schloß am großen See vorfanden, das zu einem Gutshof gehörte, auf dem die Kinder während des Landjahres dann arbeiteten, im See schwammen (alle lernten schwimmen) und unter der hervorragenden Leitung von Charlotte Bewert, einer meisterhaften Pädagogin, sich von Großstadtkindern zu handwerklich und landwirtschaftlich leidlich geschulten, natürlicheren Menschen wandelten.

Das Leben in einer so großen Gemeinschaft ist mir schwergefallen, obwohl sich in der Erinnerung auch viel Schönes mit der Landjahrzeit verbindet. Als die Kinder nach einem Jahr verabschiedet wurden, fuhr ich heim zu meinen Eltern nach Potsdam, um an der Kunstakademie in Berlin einige Semester zu studieren.

Berlin

Das Berlin jener Zeit atmete den Hauch der «großen Welt». An der Scala sangen die «4 Nachrichter» (gib her den Speer Penelope) – der Schauspieler Gründgens war im Kommen, Leni Riefenstahl drehte die ersten Filme, auf allen Gebieten der Kunst war vibrierendes Leben, alles war im Fluß.

Eine für ihre tunesischen Illustrationen bekannte Malerin, Gerda Secker, führte in ihrer Berliner Atelierwohnung eine Art «Salon». Künstler aller Art gingen bei ihr aus und ein. Arme Studenten wurden verpflegt, Obdachlose fanden ein Nachtquartier, manche Beziehung bahnte sich an, die oft ein Leben lang gehalten hat.

In ihrem Salon geschah es auch, daß ich dem Menschen begegnete, der ein so unbeschreibliches Glück in mein Leben brachte, daß ich noch nach seinem Tode bis zum heutigen Tage von diesem Glück beflügelt wurde.

Schon ehe ich nach Emden umgeschult worden war, hatte ich einen Potsdamer Schulfreund. Jahrelang war er ein guter Kamerad. Lang und blond, ein wenig schlaksig und ungelenk, wohlerzogen, doch von einer inneren, hektischen Unruhe getrieben, hatte er lange versucht, eine Art Herrschaft über mich zu gewinnen. Als er eines Tages begann, Zärtlichkeiten zu versuchen, überkam mich ein Gefühl des Abscheus, und alles, was an ihm bis dahin angenehm und freundschaftlich gewesen war, schien niemals dagewesen, und er rückte in weite Ferne.

Ja, ich rannte in panischem Erschrecken davon und stürzte, vor Angst nicht rechts und links blickend, in eine Glastür, deren Scherben mir den rechten Arm zerschnitten, so daß ich etliche Wochen im Krankenhaus zubringen mußte. Er jedoch glaubte, alles sei nur mädchenhafte Scheu gewesen, und versuchte, nach meiner Genesung seine Annäherungsversuche fortzusetzen. In Berlin war ich nun nicht so leicht erreichbar für ihn. Ich wohnte bei Minna, Am

Zirkus 8, und Minna wachte über mich und ließ niemanden herein, insbesondere nicht den Potsdamer Freund.

Eines Tages hatte Walter den Salon der Gerda Secker entdeckt und versuchte dort, meiner habhaft zu werden. Zu seiner Unterstützung hatte er einen Freund mitgebracht, Gerhard von Loesch. Er hatte ihn auf der Baltenschule in Misdroy kennengelernt und ihn für einige Tage zu sich nach Potsdam eingeladen, um dem «Landjunker» das Berlin der dreißiger Jahre zu präsentieren.

Ich saß bei Gerda und arbeitete an einer Zeichnung, die ich des Morgens im Zoo angefertigt hatte. Die Tür öffnete sich, mein Schulfreund trat ein. Panik, Schrecken, Angst überfielen mich – ich fürchtete mich übermäßig vor ihm. Die Tür öffnete sich zum zweitenmal, und Gerhard trat ein. Unsere Blicke trafen sich, und augenblicklich schwand meine Furcht, ein warmes Gefühl der Ruhe, der tiefen Geborgenheit trat anstelle der Angst. An diesem Tag sprachen wir kein Wort miteinander, aber in seinen Augen las ich männliche Güte, Wissen, Erkennen, Ruhe und eine Beseeltheit, die davon zeugte, daß er eine innere Freiheit besaß, die ihn zu einer geistigen Reife geführt hatte, die Jahre seines Lebens vorwegnahm.

Bald erschien er öfter im Salon. Ich scheute zurück vor einem Gespräch mit ihm, weil ich fürchtete, der Zauber, der mich umfangen hielt, könnte durch Worte zerstört werden. Bald erkannte ich, daß er das gleiche dachte und meine Gefühle achtete. So lebten wir viele Wochen in einer Verzauberung des Geistes und der Sinne dahin, ohne uns berührt oder nur miteinander gesprochen zu haben. Beide scheuten wir davor zurück, uns auch nur die Hand zu reichen, weil wir beide erkannt hatten, daß die Verzauberung Liebe war. Wir fürchteten, den Funken zum Leben zu erwecken, dem Feuer nicht gewachsen zu sein und etwas Unaussprechliches zu zerstören. Ohne Worte wußte einer von uns über den anderen Bescheid. So ist es bis zu seinem Tod geblieben, und der Zauber dauert auch heute noch an.

Eine äußere Begebenheit änderte unser Verhältnis. Gerds Schwester Elly war nach Berlin gekommen und bekleidete einen Posten im Haus der Exzellenz Johannes, die einen exklusiven Salon unterhielt, in dem die Offiziere des Reiterregiments 4 und des 24. Artillerieregiments aus Potsdam ein und aus gingen.

Gerd hatte Elly von mir erzählt, und sie war neugierig, mich kennenzulernen. Als die schöne, mit beiden Beinen auf der Erde stehende Elly auftauchte, bekam unser Verhältnis eine neue Wendung, indem es aus den Wolken auf die Erde geholt wurde. Davor aber hatten wir uns gefürchtet. Um den Realitäten zu entgehen, übten wir uns in den verschiedensten Askesen. Beide hatten wir stark geraucht und bei den vielen Festlichkeiten eine ganze Menge getrunken. Wir beschlossen, um einander unsere Stärke zu beweisen und den anderen damit zu beglücken, von Stund an nicht mehr zu rauchen und auch keinen Tropfen Alkohol mehr zu trinken. Beides haben wir auch während unserer Ehe später durchgehalten bis zum Beginn des Zweiten Weltkrieges, der uns soviel Furcht und Sorgen brachte, daß wir der Hilfe der Vergessen schenkenden Mittel zuweilen bedurften. Damals aber, in Berlin, hielten wir beide die Askese durch, obwohl keiner den anderen kontrollieren konnte. Beide wußten wir: In unser beider Leben gibt es keinen Vertrauensbruch, beide strebten wir die höchste Vollkommenheit in einer Beziehung an, die sich zu jener Zeit ja noch nicht an einer gemeinsamen Aufgabe bewähren konnte.

Wenn ich heute über diese Zeit schreibe, überkommt mich wie damals das Hochgefühl des Glücks, das mein ganzes Leben mit Wärme erfüllt. Noch wagten wir nicht, einander zu berühren. Exzellenz Johannes bewohnte eine Villa im Grunewald. Waren wir, wie oft, bei ihr zu einem Fest geladen, so trafen wir uns am Bahnhof Grunewald und gingen nebeneinander bis zu ihrem Haus, beide hielten wir unsere Hände in den Taschen, damit sie sich nur nicht etwa beim Hin- und Herpendeln während des Gehens versehentlich berührten.

Angelangt bei der Exzellenz, tanzte ich mit den Potsdamer Offizieren, die ich vom Jagdreiten her kannte, ohne jedoch in irgendeiner Weise davon berührt zu sein. Es war nicht ich, die da tanzte, es war mehr ein inhaltsloser Körper, dessen ganzes Sein bereits mit dem Menschen, ohne den ich mir ein Leben nicht mehr vorstellen konnte, verwachsen war. Und doch hatten wir uns noch nicht einmal die Hand gereicht.

Als Gerd und ich einmal einen Sonntag in Potsdam bei meinen Eltern verlebten, radelten wir beide zur Glienicker Brücke, um in der Havel zu baden. Unter der Brücke erklärte mir Gerd, er müsse mich sofort heiraten, er würde nicht älter als 30 Jahre werden (mit 29 ist er gefallen), und die kurze Lebenszeit müsse angefüllt werden mit gemeinsamer Arbeit und mit Glück. Ich war sofort einverstanden. Wir nahmen unsere Räder und fuhren zu einem befreundeten Pfarrer in Fahrland, mit der Bitte, uns zu trauen. Er sagte: «Ihr seid noch nicht 21, ihr müßt erst eure Eltern fragen.»

So fuhr Gerd nach Heidewilxen, dem Gut seiner Eltern in Schlesien, um seinen Vater zu bitten, und ich bat meine Eltern, die vollends entsetzt waren, weil sie sich einen der zukunftsreichen Offiziere vorgestellt hatten, die in meinem Elternhaus sowie bei Exzellenz Johannes ein und aus gingen. Ihr Widerstand wurde sofort besiegt, als Gerd mit seinem Vater wieder auftauchte, dessen bloßes Erscheinen den Argwohn meiner Eltern hinwegfegte.

Gerds Vater, Konrad von Loesch, war ein hochgewachsener, magerer Landedelmann. Seine Persönlichkeit strahlte Ruhe, Güte und Bescheidenheit aus. Sein Wissen um die Lebewesen im Wald hatte mich sofort zu seiner begierig lernenden Schülerin gemacht. Meine Eltern überzeugte er sofort, und so war es mein späterer Schwiegervater, dem wir unsere frühe Ehe verdankten. Das Aufgebot wurde bestellt, und Gerds Vater nahm mich mit nach Heidewilxen, um mich in die Aufgaben einer Landfrau einzuführen.

Die Lage war nicht einfach: 1924 aus Polen ausgewiesen, als nach dem Ersten Weltkrieg die Provinz Posen an Polen gefallen war, hatte er mit der Familie das Gut Laski verlassen müssen, das seine Vorfahren aus dem Nichts geschaffen hatten. Sie hatten ein Moor kultiviert, Schule und Kirche erbaut, Stallungen errichtet und zuallerletzt ihr eigenes Haus gebaut. Alles, was einst geschaffen, war nun verloren, als Ersatz bekam er vom internationalen Schiedsgericht in Paris die Güter Heidewilxen und Bukowine in Schlesien – das spätere Buchenhain. Beide Güter ohne Vieh und ohne Inventar und ohne einen Pfennig Geld. Doch davon später, viel später.

Zunächst schlossen wir unsere frühe Ehe, von wenigen damals nur verstanden, ich aber wußte, daß er, Gerd, die Gabe hatte, vorauszusehen, und daß es notwendig war, zusammenzusein. Es war eine solche Liebe, die uns beide befähigte, über sich selbst hinauszuwachsen. Alles, was später geschah, ein Stück Land, von Gott geliehen, zu verwalten, Wald zu hegen, Wald zu pflegen für neue Generationen – Kinder zu gebären, geschah in dem Bestreben, den kurzen Lebensfaden festzuhalten und an diese Erde zu binden, wenn auch ein Teil seines Selbst sich schon lange auf anderer Ebene zu bewegen schien.

Es war ein jeder Augenblick des Lebens mit ihm, selbst während der vielen Trennungen in den langen Kriegsjahren, erfüllt mit dem unbeschreiblichen Gefühl der Erfüllung, des beglückenden Gefühls des «Sich-selbst-Aufgebens» – aus welchem gerade das Hinauswachsen über sich selbst entsteht –, des «Einer-für-den-anderen-Lebens» und der gemeinsamen Bemühung um höchste Vollkommenheit.

Später einmal geschah es, daß wir, als wir selbst auf dem Gut Buchenhain lebten, auf dem Hochsitz saßen und in der Dämmerung das Heraustreten des Rotwilds zur Futterstelle erwarteten. Wir wagten nicht, selbst mit geflüsterten Worten, die Stille der endlos sich dehnenden Wälder zu stören. Wir blickten uns an, und einer sah in der Tiefe der Augen des anderen, daß es Gott gibt – wir erkannten die Unsterblichkeit der Liebe, die wuchs und wuchs und sich den Menschen mitteilte, die uns anvertraut waren. Sie wurde allumfassend, teilte sich den Tieren und Pflanzen mit und befähigte uns, die Sprache der Tiere zu verstehen. Sie vermittelte uns eine Erkenntnis des Einsseins mit dem Urgrund der Schöpfung, um so auch die Geschöpfe in ihrer Existenznot begreifen zu können, in ihrem Kampf und in ihrer Beziehung zu den Menschen. Das Märchen war Wirklichkeit geworden, wie die verzauberte Prinzessin von dem Königssohn erlöst worden war und plötzlich verstehen konnte, was die Tiere zu ihr sagten.

Das eben war das Wunderbare an dem Leben mit Gerd: der Alltag erfüllte uns in gemeinsamem Tun. Aber jenseits des Alltags stand das Große, das Göttliche, das wir oft klar, zuweilen aber wie durch einen Nebel wahrnahmen, das aber die Wirklichkeit unseres Daseins ausmachte.

Heidewilxen

Das helle Landhaus mit den großen, von Glyzinien umrankten Veranden wirkte lieblich und einladend. Die weite Eingangshalle, zugleich Diele und Wohnzimmer, war der Sammelpunkt der Familie. An dem gemütlichen Erkerfenster saßen stets Töchter, nähten und flickten oder arbeiteten an ihrer Aussteuer; oder sie strickten und konnten, selbst während sie die kompliziertesten Muster strickten, zugleich lesen. An dem großen runden Tisch versammelte man sich abends, und es wurden seltene und gute Spiele gespielt. Tagsüber arbeiteten alle fleißig im Haus und in den großen Gärten, in denen die Mutter sachkundig wirkte und in denen es auch Bienen gab. Ich erinnere mich an den großen Gartentisch, an dem oft alle saßen, um große Mengen Spargel zu schälen.

Der Vater war der gütigste Mensch, der mir in meinem Leben begegnet ist. Ich wurde von allen liebevoll aufgenommen und habe nur Gutes erfahren. Sonntags gingen alle mit Vater in den Wald, in dem er zu Hause war und mit dem er mich vertraut machte. Er zeigte mir die Wildtiere und die Vögel, die er alle kannte und am Gesang unterscheiden konnte. Vor den Waldgängen gab es eine Andacht, an der die ganze Familie stets teilnahm. Aber auch beide Hunde mußten dabeisein und hörten andächtig zu. Ich erinnere mich, daß das Harmoniumspiel nie begann, ohne daß die Hunde hinzugekommen waren.

Gerd wohnte in einem Zimmer, in das man nur gelangte, wenn man einen langen Dachboden überquerte. Einmal mußte ich eine Mutprobe bestehen. In dem Zimmer, und das war allgemein bekannt, spukte es. Ich war sehr gespannt auf den Spuk. Und wirklich, in der Nacht hörte ich Schritte, regelmäßig, auf dem Boden näher kommend und sich wieder entfernend. Die Schritte dauerten an. Sie schienen mir jedoch keine Gefahr zu bedeuten, und am nächsten Morgen kam ich ganz gut ausgeschlafen zum Frühstück. Bald wurde ich über den Spuk aufgeklärt: Ein Fahnenmast ging vom Keller durch den Boden und weiter durch das Dach. Das dicke Drahtseil, an dem die Fahne hochgezogen wurde, schlug im sanften Nachtwind regelmäßig gegen den Mast: klapp, klapp-klapp-klapp, klapp-klapp.

Es klang wie Schritte.

Und morgens gab es dann eine Andacht, bei der alle Kinder und Helfer und Helferinnen zugegen waren. Mutter spielte Harmonium, aber es wurde nie mit Singen begonnen, ehe sich nicht auch beide Hunde eingefunden hatten.

Oft kamen die Vettern und Kusinen von den anderen Gütern zu Besuch, und es war für mich ein wunderbares Erlebnis, daß sich alle in dieser großen Familie gern hatten, daß sich alle miteinander vertrugen und daß niemals ein ungutes Wort über einen anderen Menschen gesagt wurde. Alle Töchter erlernten übrigens Berufe, die sie dann auch bis zu ihrer Heirat ausübten.

Im Juni schliefen wir auf der riesengroßen Veranda, hatten Matratzen hinausgetragen, sahen die Sterne aufgehen; mehr und mehr glitzerten in der klaren Luft. Bald begann dann das melodische Froschkonzert aus dem nahen Teich. Im Spätfrühling waren auch die Nachtigallen zu hören. Die Natur war damals noch unzerstört, und man lebte in ihrer Mitte als ein Teil von ihr.

Buchenhain

In Breslau war der Sammelpunkt der Familie. Pastor Noth an der Elisabeth-Kirche hatte Asta von Roeder geheiratet. Sie führten ein offenes Pfarrhaus mit vielen Kindern und mit Abenden, an denen Paul Ernst gelesen wurde: «Das Kaiserbuch» und «Geschichte des Ostens» und vieles mehr.

Von all den Loeschschen Gütern kamen die Vettern und Kusinen – sie kamen zum Studium, zum Tanz, zum Reitturnier, zur Bullenauktion – kurz, zu allen Ereignissen, die einen Landmann einmal fortlocken von seinen Latifundien, um neue Anregungen zu tanken. Bei Noths gingen die Gespräche nun einmal nicht um Land- und Forstwirtschaft. Hier suchte man neues Wissen. Ich wurde nicht nur von allen Zweigen der Loesch-Familie warmherzig und wie eine lange schon bekannte Tochter aufgenommen, sondern auch von dem geistigen Zentrum, dem Pfarrhaus Noth.

Als Gerd mich zum erstenmal nach Buchenhain mitnahm, war die Fahrt dahin und noch mehr die Ankunft wie ein Traum. Von Breslau über Hundsfeld, über Schloß Sibyllenort, wo der König von Sachsen seine Sommerresidenz gehabt hatte, bis Oels, dem Kronprinzenschloß, war es eine normale Reise – dann aber begann der Wald, der nicht mehr aufhörte. Die Eichelhäher schossen hin und her, rechts der Chaussee ein breiter Sommerweg. Hasen trafen sich auf dem Sandpfad, hohe Tannen wechselten mit Fichten, dann und wann gab es auch Kiefern. Schließlich bog man ab auf eine birkenbestandene Landstraße – runzelige, strohgedeckte Katen: Wegersdorf, der Anfang von Buchenhain. Weiter ging es auf der Birkenchaussee, ein weißes Parktor, ein weißes Haus mit Säulen – wir waren zu Hause.

Ein großes rundes Rasenbeet, Rosen, Silberpappeln, Fichten und eine Eiche bildeten den Vorplatz zu dem verwunschenen Haus, das belebt, aber verträumt erschien, war es doch auch bis dahin nur dann und wann von Vater Loesch zur Jagd besucht worden. Er war dann stets von mehreren Töchtern begleitet worden, und auch Mutter war oft mitgekommen und hatte – für die Zukunft bedacht – Spalierobst angepflanzt.

Wir fuhren ums Haus herum auf den sogenannten kleinen Hof. Zwei Kutschpferde zum Wildfutterfahren – Moni und Manja –, etliche Jagdwagen, ein Ackerwagen und als Herrscher des Ganzen Erich Reimann, der in seiner Kutscherwohnung einen Winterschlaf schlief. Seine Frau Clara hatte die schwere Aufgabe, die Petroleumlampen im ganzen Haus in Ordnung zu halten. Gerd und ich wollten uns nicht gern bedienen lassen und beschränkten uns auf Kerzenlicht, was das Leben in dem Haus noch märchenhafter erscheinen ließ. Es war ein Begegnen mit Haus und Park, als wäre dies alles fernab der Wirklichkeit. Die Landwirtschaft war damals noch verpachtet, der Wald wurde von Förster Gallien bewirtschaftet. Seine Füße waren so groß, daß seine Tritte im Schnee überall zu erkennen waren und gefürchtet wurden von Wilddieben und Holzräubern. Seine hervorragend erzogenen Hunde waren im ganzen Land bekannt. Für ihn schien ich viel zu jung zu sein, um einem solchen Haus vorzustehen – und er hatte recht: ich mußte noch viel Lehrgeld zahlen.

Gerd mußte zum Militär und mit einem Köfferchen auf einem Jagdwagen in die Kaserne nach Namslau fahren, 45 Kilometer entfernt, und zwei Jahre beim Reiterregiment 8 dienen.

Ich lernte Landwirtschaft bei Boerner in Distelwitz, einem Pächter des Prinzen Byron von Kurland, dem die «Herrschaft Groß-Wartenberg» gehörte. Boerner war als der tüchtigste Landwirt weit und breit bekannt, er bildete Lehrlinge aus und hatte für seine polnischen Arbeiter Duschräume und eine Sauna errichtet – ein mutiges Wunder im Dritten Reich, wo es nicht einmal erlaubt war, den Polen die nötigsten Nahrungsmittel für ihr arbeitsreiches Leben zukommen zu lassen.

Ich fuhr jeden Morgen mit dem Rad nach Distelwitz. Es war ein ebener, nur sechs Kilometer langer Weg dorthin. Ich habe Herrn Boerner sehr viel zu danken für seine harte, mühsame, aber hervorragende Schulung.

Im Winter besuchte ich die Landwirtschaftsschule Festenberg und machte schließlich die männliche Gehilfenprüfung, anschließend noch einen Landmaschinenlehrgang.

Am Wochenende kam Gerd nach Hause – meist von Erich mit

der Kutsche abgeholt. Damals wurde uns schon die Pacht zurückgegeben, und wir packten gemeinsam die Aufgabe an, den großen Hof zu übernehmen.

1937 starb Gerds Vater, der gerade zuvor noch die Geburt unserer Gesine erleben konnte und, sehr krank schon, nach Buchenhain kam, um sein Enkelkind zu sehen. Gesine war winzig klein. Ich hatte mir bei ihrer Geburt das Becken gebrochen und lag drei Monate im Krankenhaus Breslau. Gerd suchte und fand einen Engel: Friedel Tomczak. Ihre Eltern hatten 60 Morgen im Dorf Am Kirchberg. In Friedels Obhut gedieh Gesine, bis sie durch eine Nierenentzündung wieder ins Krankenhaus mußte. Sie wollte nie essen und hatte kaum Haare, weinte aber nie. Den Haarmangel glich sie später aus durch üppiges, blondes, langes Haar.

Schon ein Jahr später wurde Barbara geboren. Sie war so rosig und rundlich, wie Gesine dünn gewesen war, und schien damals gesund, robust und gutmütig zu sein. Zu ihrer Taufe, Pfingsten 1939, erschienen Onkel Hawi und Tante Elisabeth und halfen uns bei der ersten Heuernte der zurückbekommenen Pachtung.

Gerd bekam einen längeren Urlaub. Noch ehe wir dazu kamen, den «Großen Hof» neu zu gestalten, überfluteten uns die Besuche aus der Nachbarschaft. Prinz Byron kam vierspännig mit Kutscher und Diener in Livree, mit seiner Frau, Prinzessin Herzeleide von Preußen, mit der ich einst in Potsdam zur Schule gegangen war. Graf Reichenbach kam aus der Herrschaft Goschütz, die 30000 Morgen umfaßte, Herr von Korn aus Stradam, Herr von Korn aus Rudelsdorf, sie alle kamen zwei- oder vierspännig gefahren oder geritten. Wer aber aus Polen kam, wie Familie Blau aus Strenze, der blieb mit Hunden, Pferden und Kutscher gleich eine ganze Woche – mindestens. Später, als die Balten «heim ins Reich» geholt wurden und die polnischen Güter übernahmen, die die Polen hatten verlassen müssen, da blieben sie einmal mindestens drei Wochen auf Besuch.

Der eigentliche Aufbau des Gutes begann mit einem Ostlandkredit, mit einem Bestellungsplan, der den sieben verschiedenen Bodenarten in Buchenhain gerecht wurde – die Gemarkung war der Ausläufer eines Moränentales –, und, was das Wichtigste war, mit der Ankunft der Familie Ordon. Sie waren polnische Landarbeiter, die in einem Zirkus in Paris gearbeitet hatten und die die Sehnsucht nach dem Osten wieder zurückgetrieben hatte. Vater

Ordon, sehr gebildet, fließend Französisch sprechend, hatte eine große Familie – wobei es ihm einerlei war, ob es die Kinder des ersten Mannes seiner Frau waren oder seine eigenen. Es gab keinen Unterschied zwischen den Geschwistern, und die einen waren nicht minder schön als die anderen. Das Ordon-Team konnte einfach alles – jedes Familienmitglied hatte eine Sache perfekt gelernt, zusammen hatten sie so vielfältige Talente wie etwa ein Indianer-Clan. Sie konnten Gespanne führen, Pferde mit wenig Futter dick und gesund erhalten, Kühe melken, eine Brennerei bedienen und heimlich Schnaps brennen, ohne entdeckt zu werden, jegliche Landarbeit vollendet gut verrichten, Ochsen leiten und dabei nicht erlahmen, Ochsen operieren, 100 eigene Kaninchen auf dem Boden ihres Hauses züchten, mehr als 100 Gänse in unserem Weizen weiden lassen, Kleider, die ich nicht mehr trug, aber nur aus Liebe zu den schönen Ordons nicht mehr trug, mit Eleganz zu Ende tragen – kurz, sie waren Universalgenies, denen wir ein Gutteil des raschen Aufstrebens des Gutsbetriebs zu verdanken hatten.

So vermieden wir es auch später während des Krieges, ihnen und den übrigen polnischen Arbeitern das befohlene «P» anzuheften, was ihnen verbot, Schulen und Kirchen zu besuchen, zu heiraten und Kinder zu bekommen, einzukaufen und ins Kino zu gehen, kurz, eigentlich alles außer: arbeiten. Wir erklärten sie kurzerhand für «Volksdeutsche», was sie aber nicht waren, weshalb bald die Gestapo erschien, um eine weitere Fraternisation zwischen uns und den Polen zu verhindern: Alle vierzehn Tage wurden alle Polen auf dem Hof aufgestellt und mit dem Gummiknüppel verprügelt, einerlei, ob sie etwas verbrochen hatten – was *nie* der Fall war – oder nicht.

Als ich dann nach dem Krieg Buchenhain besuchte, erzählte mir Walli Ordon, die Frau des jetzigen Bürgermeisters von Buchenhain, Geschichten von Gerd, die ich längst vergessen hatte. So zum Beispiel, daß er in einem Urlaub die Gestapo bei ihrem Tun entdeckte und sich mit Hilfe seines Schwagers, Feldmarschall von Manstein, zur Waffen-SS versetzen ließ, wo er einen Rang bekleidete, der dem eines Rittmeisters der Wehrmacht etwa entsprach. In solcher Uniform erschien er auf dem Hof und war nun für die Gestapoleute ein hoher Vorgesetzter. Er sagte: «Ihr braucht nicht mehr zu kommen, ich mache das schon selber und schicke laufend

«Der Aufbau des Gutes Buchenhain begann…

...mit einem Ostlandkredit», berichtet die Autorin. Und die Pfandbriefsparer unter den Lesern werden daran denken, daß ihr Wertpapier von Friedrich dem Großen eingeführt wurde, um schlesischen Landgütern nach dem Siebenjährigen Krieg ebenfalls zu Krediten zu verhelfen.

meine Leute zur Aufsicht her.» Die Gestapo verschwand für immer – natürlich sandte er *nie* jemanden her und ließ sich selbst sofort nach diesem Auftritt wieder zu seinem alten Haufen zurückversetzen. Solche und andere Geschichten erzählte mir Walli bei meinen Nachkriegsbesuchen, doch davon später – sind sie doch auch ein Teil Geschichte.

Mit Reichenbachs in Goschütz, die uns besucht hatten, verband uns später eine gute Freundschaft. Man ritt auf endlosen sandigen Waldwegen nach Schloß Goschütz. Dort gab es Kunstschätze vieler Art – vor allem eine Sammlung wertvoller Gobelins –, es gab eine Reitbahn und einen exotisch angelegten Park. Die Söhne des Hauses kamen auf ihren Arabern.

Von Goschütz aus konnte man nach Polen hineinfahren, weil dem Bistum Breslau dort einige Landstriche gehörten, die eben nicht dem Land Polen einverleibt worden waren – die Kirche stand über jeder Politik, über Krieg und Frieden – damals! Ich schreibe so, als sei dies alles längst vergangen, aber viele von den Menschen, die damals dort lebten, leben ja noch heute und sind mit mir «Zeugen der Vergangenheit». Sie haben Vertreibung und Hunger, Verlust von Erbe und Besitz bewältigt und neu begonnen. Und doch ist diese Zeit ein Abschnitt der Geschichte, der in seiner Intensität bildhaft ist für den Wandel der Geschlechter, der Klassen, des Geldes, des Besitzes im 20. Jahrhundert.

Als wir den großen Hof übernahmen, bekam Gerd einen längeren Arbeitsurlaub, und wir konnten uns mit Hilfe von Förster Gallien, anfangs noch beraten vom tüchtigen Boerner, mit Freude und Glück – doch ohne Bargeld – in die Arbeit stürzen.

In den Nächten saßen wir auf dem Hochsitz, und ich lernte, eine gute Jagdbegleiterin zu sein. Im Winter, bei Schnee und großer Kälte, erlegte Gerd Keiler und Überläufer, wenn der Wildschaden auf den Äckern überhandnahm. Die Bauern waren aber oft auch listig, gruben selbst Löcher und verlangten Wildschadenersatz. Einmal vergaß einer sogar seinen Spaten in einem dieser Löcher!

Wenn Gerd zu Hause war, hatte ich keine Furcht vor einer Geburt. Er legte die Hand auf meine Stirn, eine Wärme, ja, Hitze ging von ihr aus, und alle Schmerzen waren verschwunden – ich fühlte nur noch ein schläfriges Wohlsein. So hüpfte unser Sohn Hans in die Welt, schmerzlos und von mir fast unbemerkt. Ich entsinne mich, daß Frau Sobisch, die tüchtige Hebamme, ausrief: «Ein

Sohn!» – «Ist er denn wirklich schon da?» war meine Antwort. Als Gesine und Barbara den Bruder ansehen durften, sagte Gesine: «Der ist zu häßlich, verkauft ihn wieder!» Für Hans ist seine Geburt bezeichnend – scheinbar unbeschwert und leicht beschwingt ist er seither durchs Leben gehüpft – aber ich weiß, daß es nur so scheint.

Frau Sobisch lebte im benachbarten Gehöft, hatte selbst fünf Kinder. Ein ebenerdiges Häuschen, in der geräumigen Küche fanden sich Familie, Tiere und Wirtschaftsgeräte zusammen. Ihr Mann war bei der Eisenbahn beschäftigt und kam erst abends heim, die Wirtschaft führte sie.

War es soweit, daß eines unserer Kinder zur Welt kommen wollte, so lief ich hinüber. Einmal saß sie gerade unter der Kuh und melkte, sie sah sogleich, warum ich kam, trocknete die Hände an der Schürze ab, band sich eine frische um und kam mit. Ich bekam von ihr eine große Menge Kognak und Kaffee eingeflößt, sehr bald hatte dann das jeweilige Kind das Licht der Welt erblickt. Während sie das neue Erdenwesen badete und kunstgerecht wickelte, mußte ich, von Kopf bis Fuß in Spiritusumschläge gehüllt, schwitzen. Die Umschläge sollten Thrombosen und allerlei anderes verhindern. Dazu bekam ich jedesmal einen Kaktus von ihr geschenkt und einen Roman, den zu lesen sie für eine Wöchnerin für gut befand. Sie handelten von Gräfinnen, die von ihrem Mann in einer Truhe erstickt wurden, und von Schlössern, in denen es schauerlich spukte. Wenn ich auch diese Romane nur stückchenweise las, so kann ich mich daran erinnern, daß sie mir in dem Zustand, in dem ich mich nach den Geburten befand, ein gewisses Behagen bereiteten. Am folgenden Morgen stand ich dann auf, und alles war wie sonst: Die Arbeit ging weiter, und der Körper war gesund. Ich glaube, so gebären kann man nur in dem weiten Land des Ostens, wo der Wind über den sandigen Boden dahinfegt, wo die Quelle in ihrem kiesigen Bett ihr klares Wasser in den glucksenden Bach entsendet, dessen Rinnen die Geräusche im Hause beherrscht – wo oft Waldtiere sich furchtlos den Menschen nähern und wo man selbst ein Sandkorn in der Ewigkeit ist und somit die Wichtigkeit der eigenen Körperlichkeit vergißt – man fühlt sich als ein winziges Stück der Schöpfung und lebt in ihr – gesund.

Wenn der neue Erdenbürger sein Recht verlangte, war ich oft des Nachts wach, um Hans zu füttern. Wenn Gerd merkte, daß ich der Erschöpfung nahe war, stand er auf und versorgte die Kinder. Einmal fand ihn so der Förster Gallien, der ihn zur Jagd abholen wollte. Gerd stand über die Wickelkommode gebeugt und gab Hans die Flasche. «Aber Herr von Loesch», sagte Gallien, «das kann man doch nicht machen, das ist doch ganz und gar unmännlich.» Gerd focht das nicht an, er versuchte im Gegenteil, ihm klarzumachen, daß die Männlichkeit nicht nur in Mut und Kraft, sondern auch in Güte und Hilfsbereitschaft bestehen müsse. Ich weiß nicht, ob es ihm gelang, den Förster zu überzeugen, aber das gute Verhältnis zwischen ihm und dem baumlangen Gallien, der Schuhgröße 56 hatte, dauerte an. Ging man durch den Wald und sah im feuchten Sand den Abdruck eines Riesenfußes, so wußten auch Wilddiebe und Holzräuber: Der Herr des Waldes war nicht fern.

Das jeweilige Kind wurde in eine blaue Wiege gelegt, deren Himmel aus Stoff den Wind ein wenig abhielt. Die Wiege stand Sommer wie Winter auf der Veranda, die Fohlen, die auf dem Rasen vor dem Haus weideten, kamen zuweilen die Treppe heraufspaziert und bliesen unter den Vorhang – die Kinder griffen in die Nüstern und pusteten zurück.

Kam die Zeit der Taufe heran, so wurde der gelbe Jagdwagen angespannt, und in Fußsäcke gehüllt, wurde das Kind in die Kirche getragen. Frau Sobisch hat sie alle über die Taufe gehalten – sie war katholisch, wir evangelisch, aber auch diese Unterschiede nivellierten sich in dem weiten Land, in dem auch die Herzen weit genug waren, um über die von Menschen gemachten Unterschiede und Trennungen hinweg leichter zum göttlichen Ursprung eines jeden zu finden als in der Zivilisation.

Jagd

Der Turm war eine Kanzel inmitten des Waldes. Unter ihr war auf einer kleinen Lichtung ein Wildfutterplatz. Man saß auf dem Turm wie auf einem leicht schwankenden Schiff. Das Meer des Waldes umgab es, bei Sturm bewegten sich die Wipfel wie Wellen, geräuschvoll, mit Brausen und Krachen. In stillen Sommernächten kamen, wenn die Dämmerung fortgeschritten war, die Nachtschwalben, die Ziegenmelker mit ihrem kreischenden, schrillen Schrei. Sie huschten vorbei wie Schatten – wie Nachtvögel.

Im Winter saßen wir da und sahen das Wild heraustreten, vertraut, erst die Rehe, dann die Wildschweine. Bei ihrem Nahen, das sich durch vorsichtiges Grunzen ankündigte, sprangen die Rehe ab ins Dickicht, dann und wann trat eine Hirschkuh oder ein Hirsch heraus, ihn störte das Schwarzwild nicht – er war der Herr des Waldes, mit vornehmer Gelassenheit duldete er das Volk der Wildschweine.

Manchmal im Sommer lagen wir auf dem Waldboden, um zu sehen, wie nahe die Rehe herankamen, wenn wir unbeweglich blieben. Einmal kamen zwei neugierige junge Rehe bis an meine Schuhspitze heran.

Gerd schoß nur, was krank oder verletzt war. Nur einmal im Leben hat er einen Hirsch erlegt. Es war während des letzten Kriegsurlaubs, den er erlebte. Glitzernder kalter Schnee lag über dem Waldboden, die Sonne schien in eiskalter Pracht. Wir erblickten zwischen den dort lückenhaft stehenden Fichten zwei kämpfende Hirsche, zwei starke Hirsche. Die Geweihe hatten sich ineinander verflochten, einer der beiden war am Unterliegen und schon stark verletzt. Gerd erlöste ihn mit einem Blattschuß. Der andere Hirsch konnte nur langsam und mit Mühe sein Geweih aus dem Unterlegenen, der sofort verendet war, lösen. Wir ließen mehr als eine Stunde verstreichen, weil der Überlebende nicht merken sollte, daß es Menschen waren, die getötet hatten.

Ein anderes Mal schoß Gerd auf den Feldern von Königswille, einem Ortsteil von Buchenhain, einen Rehbock, der abgemagert und krank aussah und nur drei Läufe hatte. Ein ganzer Sprung Rehe hatte mit ihm geäst. Als der Schuß fiel, ästen die Rehe friedlich weiter und ließen den Toten liegen. Es schien uns unglaublich, daß sie nicht merkten, daß wir die Todbringer gewesen waren. Wir fuhren zunächst heim und wollten ihn Stunden später holen. Da hatten die Füchse sich schon ihren Anteil geholt – so ist das Leben im Wald.

Königswille war übrigens ein Ortsteil, den der Alte Fritz nach dem Siebenjährigen Krieg für seine verdienten Soldaten gegründet hatte. Es war ein Waldhufendorf. Jeder Soldat bekam eine Waldhufe und mußte einen Apfelbaum pflanzen. Die Waldhufen waren noch im Besitz der Nachkommen dieser Soldaten, die Apfelbäume waren eingegangen, das rauhe Klima war nicht für Obstbau geschaffen.

Lehrer, Bürgermeister und Schmied

Es gab zwei Schulen in Buchenhain, eine katholische, sie beherbergte sieben Kinder, und eine evangelische, in der einige Kinder mehr waren. Lehrer Rannoch war der Schulleiter der sieben katholischen Kinder. Er war riesengroß, ganz hager, hatte einen Zahn, der wie ein Keilergewehr aus dem Mund über die Lippe herabhing. Rings um das Schulhaus, in dem einmal ein berühmter Dichter übernachtet hatte – eine Tafel kündete davon –, lagen die Felder, die Herr Rannoch bewirtschaftete. Man sah ihn mit einer großen Schwinge über das Land schreiten und breitwürfig Korn aussäen – er sah aus wie ein Storch, der langsam schreitet, um Frösche zu suchen. Seine Schulkinder lernten eine Menge und waren nach Beendigung der Schulzeit sehr gebildet. Lehrer Petrelli, italienischer Abstammung, kam oft mit seinen Schulkindern, um uns zu helfen, Rüben zu verziehen oder Melde aus den Kartoffeln zu reißen. Die Kinder taten das gern, gingen aber auch sehr gern bei ihrem Lehrer in die Schule.

Gleich zu Kriegsbeginn wurden beide Lehrer eingezogen, und es gab keine Schule mehr. Später versuchten Frau Buchwald und ich mit Hilfe einer bei uns wohnenden Kusine, die den Garten versorgte, den Kindern des Dorfes ein wenig Lesen und Schreiben beizubringen. Das geschah dann immer in unserem großen Eßzimmer. Später, als Soldaten, Organisation Todt und Festungswälle schanzende Hitlerjugend einquartiert wurden, mußte auch das aufhören.

Schmied Krause betrieb eine geräumige, altertümliche Schmiede. In Windeseile beschlug er Pferde, reparierte Pflüge und traute zwischendurch auch Brautpaare. Solches geschah vor einem Tisch, der das Fußende seiner mit Spitzendecke gezierten Ehebetten begrenzte. Das Bild von ihm und seiner Frau hing als Riesenfotografie, in braunem Holz oval gerahmt, über den beiden Betten. Aus einem kleinen versteckten Rähmchen schaute von der Wand herab Adolf Hitler anordnungsgemäß dem jeweiligen Zeremoniell zu. So hatte der Schmied und Standesbeamte beide Berufe glücklich vereint und heimlich, ohne das dokumentarisch festzuhalten, so manches polnische Paar getraut, was ja im Dritten Reich streng verboten und für den Beamten sehr gefährlich war. Aber er wußte, daß ihn niemand verriet. Dankenswerterweise hat er vor dem Einmarsch der Russen und vor der Flucht alle vorhandenen Dokumente seiner kleinen Dienststelle vernichtet.

Der Bürgermeister hatte einen kleinen Laden, in dem man fast alles kaufen konnte, was man nicht selbst erzeugte. Er war zugleich Ortsgruppenleiter und als solcher ein sehr milder Regent. Alle Streitigkeiten, die unter Dorfbewohnern ausbrachen, mußte er schlichten. Dieses Amt nannte sich Schiedsmann. Einmal wurde Gerd gerufen, bei einem solchen Streit Recht zu sprechen. Herr Sperling hatte sich keinen Rat mehr gewußt. Es handelte sich um den Streit zweier Ehefrauen, deren eine die andere beleidigt hatte, indem sie ihr vorgeworfen hatte, daß ihr Mann schon eine «Bauchhose» tragen müsse. Ich hatte bis dahin von einem solchen Kleidungsstück noch nie gehört. Der Streit war so heftig geworden, daß sie den Schiedsmann aufgesucht hatten. Gerd entschied, daß jede von ihnen fünf Reichsmark in die Gemeindekasse zahlen müsse, und kam sehr erleichtert von diesem Erlebnis zurück.

Schwester Martha, die rüstige Gemeindeschwester, bewältigte mit ihrem Fahrrad die Betreuung der drei Ortsteile von Buchenhain, die sich als spärlich besiedeltes Waldhufendorf über acht Kilometer hinzogen: Wegersdorf, Buchenhain, Königswille. In Wegersdorf war der Boden so sandig und steinig, daß nur vereinzelte Kiefern, fast kahl, wenige krumme Birken und zum Schmuck einige Ebereschen die Felder säumten. Die Bewohner in den Hütten waren wirklich arm, und Schwester Martha war der gute Engel. Sie sah aus wie Martin Luther. In der Kirche hatte ein Maler aus Festenberg überlebensgroß an der Wand Martin Luther mit aufgeschlagener Bibel dargestellt. Wir alle waren fest überzeugt, daß er Schwester Martha als Vorbild für das Luther-Porträt genommen hatte.

Immer vor dem Gottesdienst stieg Schwester Martha auf einen Stuhl und zündete die Kerzen auf dem Altar an. Dann geschah eine lange Zeit gar nichts, denn man wartete auf die Ankunft des Pfarrers, der mit einer Kutsche abgeholt wurde. Im Krieg waren es meist ganz junge Pferde, die diesen Dienst leisten mußten, weil die anderen «eingezogen» waren. Die jungen aber hatten wohl schon ein wenig ziehen gelernt, konnten aber nicht anhalten, so mußte der Pastor im Fahren abspringen. Bis das aber gelang, mußten die Pferde zur Beruhigung schon einige Runden um die Kirche gedreht haben. Kurz, es dauerte immer eine Weile, bis der Gottesdienst beginnen konnte. Während dieser Zeit gab es eine lebhafte Unterhaltung über Heuernte, Kälbergeburten, Umfang der Mastschweine, Wilddieberei, Blaubeerernte, Pilzsuche.

Einmal, im Schneesturm, kam der Pastor gar nicht, und Schwester Martha bat Gerd, doch statt seiner zu predigen. Dazu fühlte er sich aber doch nicht berufen. Er nahm die Bibel und las aus dem Korintherbrief vor.

Als Gesine sterbenskrank wurde und einen scheinbar unheilbaren Brechdurchfall hatte, holte kurzerhand Schwester Martha das Baby zu sich, um sie uns nach drei Tagen gebessert, fast gesund, wiederzubringen. Sie hatte festgestellt, daß Gesine eine Knopfleiste verschluckt hatte, wie man sie damals an Bettbezügen hatte. Irgendwie war es ihr gelungen, Gesine davon zu befreien – schon war sie wiederhergestellt. Während dieser drei Tage war ich aber dauernd zu Schwester Martha gegangen, um zu sehen, ob Gesine noch lebte. Die Schwester verbot mir das energisch und war fest überzeugt, daß keine ernste Gefahr drohe.

Kurz nach dem Einmarsch unserer Truppen in Polen kamen die Polenfamilien Kuharska und Sceczelski auf unseren Hof. Sie waren von ihren Höfen vertrieben. Baltendeutsche, die man «heim ins Reich» geholt hatte, waren darauf angesiedelt worden, meist sehr zu deren Kummer. Die beiden Familien bekamen kleine Lehmhäuschen auf dem Hof, eine Kuh, zwei Schweine und Gänse. Sie hatten keine Decken für ihre Babies, keine Betten oder Kochtöpfe – kurz, es fehlte an allem, so, wie es später uns selbst gegangen ist. Ich versuchte, mit Kissen, Decken, Bettwäsche zu helfen. Eines ihrer Babies hatte Schälblasen. Sabinchen steckte sich an und bekam die gleiche Krankheit, die ihr, auch später während der Flucht, noch lange viel Schmerzen bereitet hat. Sie war am ganzen Körper mit offenen Stellen übersät und mußte schließlich, nachdem wir endlich in Hessen gelandet waren, in die Göttinger Klinik, wohin ich sie auf dem Gepäckträger eines Fahrrades in letzter Minute bringen konnte.

Eine Erinnerung aus der Kriegszeit

Einmal hatte ich lange keine Feldpost bekommen. Es war nach der Schlacht bei Woronesch. Doch wußte ich: Noch lebte Gerd. Aber ich saß in der Kirche und weinte über den Krieg und über die Zukunft, die als ein dunkler Riesenball, alles zermalmend, auf mich zukam. Niemand sah meine Tränen, niemand konnte das Gespenst der Einsamkeit, das drohend und unabwendbar auf mich zukam, vertreiben. Tage vergingen – wieder keine Feldpost. Das Dorf begann mit mir zu zagen. Niemand glaubte noch, daß ein Lebenszeichen kommen würde. Aber ich wußte es: Die Todesstunde lag noch vor uns.

Es war eine Bauernversammlung im Gasthaus *Zum Bad Buchenhain.* Mitten in der Rede vom Ortsbauernführer Paul Gohla stand ich auf. «Was machen Sie denn da?» rief Gohla Paul. «Ich gehe zum Bahnhof, mein Mann kommt an.» Stumm blickten die Bauern sich an. «Jetzt spinnt sie», sagte einer.

Zielsicher ging ich zum Bahnhof. Es war eine dunkle, stürmische Herbstnacht. Der kleine Holzabfuhrbahnhof war nicht erleuchtet. Verdunkelung! Die Nacht war so düster, daß ich über das Langholz stolperte, das zum Abtransport auf der Rampe aufgestapelt war.

Jetzt schien es mir, als hörte ich das Rattern und Rollen eines Güterzuges. Ich begann zu laufen, Bremsen quietschten – es war ein Urlauberzug, der, aus Rußland kommend, nach Breslau fuhr. Er hielt nur eine Minute. Der rote Feuerschein der Lokomotive blendete mich einen Augenblick – Gerd stand auf dem Bahnhof in dem langen Soldatenmantel, keine Sekunde verwundert, daß ich gekommen war. Stumm gingen wir nebeneinander, ohne Worte, ohne Berührung. Keine menschliche Ausdrucksmöglichkeit wäre fähig gewesen zu beweisen, was wir empfanden – es war viel mehr, viel mehr, und so schwiegen wir und berührten uns nicht.

Das Bewußtsein der Zusammengehörigkeit seit Tausenden von Jahren und bis in alle Ewigkeit erfüllte uns und löste einen unaussprechlichen Zustand aus, in dem die Urlaubstage verstrichen. Der Schatten des irdischen Todes war wie eine schwere, dunkle Wolke über allem Tun, über allem Glück, über jeder Minute des Tages und der Nacht.

Aus den unruhigen Träumen, die Gerd des Nachts überfielen, zeichnete sich ein Bild der Schlacht. Wie tief saß die Angst in den Herzen der Männer, die hoch dekoriert und als Helden verherrlicht wurden. Die Zerreißprobe der Menschlichkeit – wer bestand sie schon?

Vorboten

Der Buchenwald bedeckte ein ausgedehntes Hügelgelände, durch seine dichten Wipfel drangen Sonnenstrahlen und fielen wie goldene Taler auf den Waldboden. Junge Fichten reckten sich und versuchten, ans Licht zu gelangen, Rehe und Hasen fanden Bucheckern. Mit den Kindern ging ich zu einer Lichtung, die mit roten Walderdbeeren übersät war, und in kurzer Zeit hatten wir Taschen und Körbe voll. Waldschnepfen strichen im Frühling über die Buchen hin und versteckten sich in den Erlen, die alt und knorrig den unteren Waldrand am Bache säumten – auch Käuzchen wohnten in diesen Erlen, und ihre Schreie hatten für uns etwas Vertrautes, etwas, das zum Wald gehörte und für uns nichts Unheimliches hatte.

Vom östlichen Rand des Buchenwaldes blickte man über den Friedrichswald auf Neumittelwalde und über diesen Marktflekken hinweg hinein in das weite polnische Land, das so vertraut und friedlich, nachbarlich bekannt vor uns lag.

In kurzer Zeit sollte das deutsche Heer es überfluten, zermalmen – aber noch traten die Rehe vom Nachbarland herüber in den Buchenwald, und die Wildschweine aus dem Buchenhainer Revier machten ihre Ausflüge nach Polen hinein – es gab keinen Streit darum.

In dem Ort Neumittelwalde gab es ein Pfarrhaus. Pastor König beherbergte die Pferde, die mit Reitern oder mit Kutschen gekommen waren, in seinem Pfarrgarten, indes die Besucher ihre Einkäufe tätigten. Pastor König hatte außen an seinem Haus eine Regenrinne. Das Pfarrhaus stand mitten auf dem Marktplatz, die Regenrinne aber war die Landesgrenze zwischen Deutschland und Polen. Was den Einkauf in Neumittelwalde so anziehend machte, war vor allem der «Feldapotheker». Der Kaufmann Glassmann braute diesen Schnaps aus Kräutern, die nach einem alten Rezept zusammengestellt wurden. Ein Soldat Friedrichs des Großen hatte das Gebräu erfunden und den Verwundeten gegeben. Davon hatte der Likör seinen Namen – seine Heilkraft hielt Leib und Seele zusammen.

Im Frühling waren Menschen und Tiere voller Hoffnung – aber der Sommer zog ein mit einem Donner, einem langen rollenden Donner, der aus heiterem Himmel kam. Die Wipfel kamen in Bewegung, wie Wellen, wie eine starke Brandung tönten und kämpften sie. Der Wind verebbte – wie versteinert standen jetzt Bussarde mit ausgebreiteten Flügeln in der unendlichen Weite des Himmels. Plötzlich kam Bewegung in die Vögel – wieder ein einziger Windstoß, dann beklemmende Stille. Die Raubvögel schossen mit flatterndem Flügelschlag unruhig hin und her, als würden sie von der Stille geängstigt, dann stießen sie herab auf den Wald und verschwanden in den Baumkronen. Ein dumpfes Grollen kam von Westen und zog sich bebend über die Erde hin und kam auch im Osten nicht zum Schweigen – die Menschen duckten sich, Tiere krochen ängstlich in ihren Unterschlupf, unbeweglich standen die Sonnenstäubchen in der dumpfen Luft, Angst kroch über die Welt – Vorbote des Krieges.

Roter Himmel

Es war im Juli 1939. Langsam zog ein Russe mit dem Ochsengespann über das abgeerntete Wintergerstenfeld hinter der Hofmauer. Seine aufmunternden Rufe, das Schnaufen der Ochsen, das Zirpen der Heimchen gehörten zu einem Sommerabend in Buchenhain, so, wie das Aufschlagen der ersten Sommerfalläpfel auf dem trockenen Rasen.

Soeben hatte ich die Kinder zu Bett gebracht. Hans schlief schon, Gesine und Barbara, im blauen Kinderzimmer, spielten noch in ihren Betten. Ich stieg aufs flache Dach des Saales, um wie jeden Abend noch einmal über Park und Felder zu schauen. Am Himmel stieg eine Röte auf. Das war kein Abendrot, eine solche Farbe hatte ich noch nie gesehen, ein tiefes Dunkelrot, und mit der Geschwindigkeit des Windes bedeckte es den ganzen Himmel, vor mir, um mich herum und hinter mir – es gab keine Stelle mehr, die nicht diese blutige Röte zeigte. Ich erschrak zutiefst und fürchtete mich. Es war niemand da, den ich hätte fragen können, was die Himmelserscheinung zu bedeuten hatte. Gerd war in einer Bauernversammlung, doch plötzlich stand, wie aus Holz geschnitzt, die alte Frau Bartnigk auf dem Hof. Sie war 98 Jahre alt und hatte die meisten Waldbäume, die jetzt im Forst wuchsen, selbst gepflanzt. Sie war weise und wurde von allen geachtet. Frau Bartnigk schob ihr schwarzes Kopftuch zurück, sah in die flammende Röte und sagte: «Dies ist ein Zeichen, das bedeutet Krieg. Es wird Feuer vom Himmel fallen, und wenn alles vorüber ist, wird einer zum anderen sagen: ‹Bruder.›»

Schon kamen die Bauern aus dem *Waldschlößchen*, sahen zum Himmel auf und waren erschrocken, so sehr, daß einige von ihnen in die Knie sanken und beteten. Noch nie zuvor hatte ich diese beherzten Manner in Furcht gesehen. Von jenem Augenblick an war alles intensiver – jedes Grußwort, das man zueinander sprach, jede Arbeit war ein Dienen für die, die man liebte. Wie lange würde es uns vergönnt sein, in der Geborgenheit von Haus und Hof, Wald und Feld zu leben? Wie lange noch würden unsere Liebsten dies Leben mit uns teilen können?

Die Männer der Familie kamen zu Beratungen zusammen, *noch* war kein Krieg, aber er drohte uns und preßte unsere Herzen zusammen. Gerd beauftragte Vetter Konrad, für uns zu sorgen und uns zu helfen, wenn ihm etwas zustoßen sollte, und umgekehrt bat ihn Konrad, für seine Frau und Kinder zu sorgen. Er war es, der schon im September 1939 bei Lodz gefallen ist. Sein Sohn Friedrich starb vierzehnjährig an einem Flakgeschütz im Westen. Gerd ist in den letzten Kriegstagen gefallen. Lorzendorf und Buchenhain gingen verloren – hatte der feuerrote Himmel uns warnen sollen?

Eines Tages kamen Soldaten ins Dorf. Sie alle hatten Kreuzhakken und Spaten, sie brachten Zelte mit. Sie sangen und gruben Schützenlöcher oben am Waldrand – ein Posten lag auf unserem Dach und schaute aus, ob auch kein polnischer Spion über die Grenze kam, um die Löcher zu fotografieren – an den Bäumen brachten die Soldaten ihre Sprüche an: «Schwerer noch als Bier und Wein ist der Lehm bei Buchenhain.» Bald kam der nächste Trupp, eine Kompanie aktiver Soldaten. Sie sollten Bäume fällen, um eine Schußlinie zu schaffen. Als erstes sank ächzend die große Buche mit dem Bussardhorst zu Boden. Hatte sie wirklich die Schußlinie gestört? War sie nicht vielmehr ein Schutz? Als die Buche starb, wuchs die Sorge zu einer furchtsamen Unruhe an – die Männer gingen aufs Feld, das letzte Korn wurde geerntet – der Dampfpflug schaffte auf dem Wildacker, Saatgut wurde gereinigt und sortiert –, aber über allem Tun schwebte die Frage: «Wie lange noch?»

Gerd und ich gingen in den Wald auf die Kanzel bei der Quelle. Die Bache hatte Frischlinge geworfen, wir wollten sie zählen. Bald kamen sie durch den Bach in der Dämmerung auf die Kanzel zu. Stück für Stück zogen die dunklen Tiere an uns vorüber – es war eine Rotte Sauen –, hinter ihnen die Bache mit den gestreiften Kleinen, deren hellere Farbe noch im Mondlicht leuchtete. Die Dämmerung war vorüber, der Mond erleuchtete die Erde, es war so hell, daß man lesen konnte. Die Wildschweine spielten unter uns, da sahen wir auf dem Sandweg einen Radfahrer. «Das bedeutet Krieg», sagte Gerd, «wir müssen gehen.»

Wir liefen nach Hause. In der Diele lag der Jagdhund Rasch, verstört und leise winselnd, auf Gerds langem Soldatenmantel, das Telefon klingelte. «Ja, ich komme», hörte ich Gerds Stimme. Wortlos zog er sich um, ich lief in den Garten, holte Tomaten und Birnen, steckte sie in die Taschen des weiten grauen Mantels. Die Kartentasche, die Gasmaske, der Karabiner, der weinende Hund. Ein Blick auf die schlafenden Kinder, da standen schon die anderen Männer auf der Dorfstraße. Mit ihren schweren Stiefeln zogen sie zur Grenze, die Frauen liefen neben ihnen – viele weinten, andere hatten ihre Kinder geweckt, hielten sie den Vätern hin zum Abschiednehmen. Die grauen Gestalten verschwanden in der Mondnacht – lange noch hörte man in der Stille der Nacht das Aufschlagen der Karabiner auf den harten Männerrücken, die das Tragen der Waffen noch nicht gewohnt waren. Die Tritte verhallten, der Friedrichswald verschluckte die grauen Gestalten – zurück blieben Frauen, Kinder und Greise, und so blieb es, bis die Weissagung der alten Frau Bartnigk erfüllt war.

Am nächsten Tag kam eine Nachricht. Gerd hatte einen Zettel geschrieben: «Wir liegen in Klenove auf dem Hügel am Wald, bewachen die Grenze. Du kannst uns besuchen und das auch den anderen Frauen sagen. Ich hätte gern ein Schnitzmesser.»

Ich lief zur Frau vom Gohla Paul gegenüber, rannte von Haus zu Haus, um die Nachricht zu bringen. Jede gab mir etwas mit – ein Hemd, eine Wurst, ein Fläschchen Schnaps. Ich ergriff schließlich das Schnitzmesser und ritt, vorbei an den neuen Schützenlöchern, nach Klenove. Noch war kein Krieg erklärt, noch war nur der Grenzschutz eingezogen – ein Häuflein fast urzeitlich bewaffneter Bauern lag da im Wäldchen. Sie ließen sich den Sommerwind über die Feldblusen wehen und wußten nicht, was sie dort sollten.

Ich legte mich zu ihnen und ließ mein Pferd grasen. Wir sprachen über die notwendigen Arbeiten in Hof und Feld. Ich bekam Briefe und Aufträge für die Frauen mit, und Gerd versprach, mir eine Madonna aus Baumrinde zu schnitzen.

Als ich einige Tage später wieder nach Klenove ritt, kam mir Gerd den Hügel herab entgegen: «Laß dein Pferd unten im Dorf», rief er, «die Polen beobachten uns von drüben, unser Biwak wird eingesehen!»

Ich führte den Schimmel in einen Hof und ging, mehr vorsichtig kriechend, mit hinauf zu den Männern. Langsam flog ein polnischer Doppeldecker – tuck, tuck, tuck – über uns und zog seine Schleifen über dem Wäldchen, recht niedrig. Mehr zum Spaß zielte Gerd mit seinem Karabiner, so, wie er zuvor auf Fasanen gezielt hatte, und sagte zu seiner Gruppe: «Soll ich mal schießen?» – «Ja, schieß mal», riefen alle. Gerd schoß, die Kreise wurden zu einer geraden Flugbahn, niedriger, immer niedriger flogen die Polen und landeten schließlich etwa einen Kilometer von uns entfernt im Wald.

Die Kugel war, mehr wohl durch Zufall, in den Tank eingeschlagen, und die Polen verloren ihr Benzin, waren so zur Landung gezwungen. Die acht Männer liefen zum Schauplatz, ich rannte, etwas langsamer, hinterher. Einige der acht Grenzschützer hatten ihre Gasmasken, ihre Gewehre liegengelassen, um rascher zu laufen, da standen vor dem Flugzeug zwei hellbraun-graue junge Soldaten – ihre kindlichen Gesichter waren von Angst gezeichnet. Vor ihnen auf der Erde lagen ihre Patronengürtel, ihre Maschinenpistolen, die Hände hatten sie schon erhoben. Mich erschreckte der Anblick: Menschen in Furcht vor Menschen – eben noch freundliche Nachbarn, jetzt, in ein uniformierendes Gewand gesteckt, nicht Menschen mehr, sondern Werkzeuge, Werkzeuge einer Macht, die wir Krieg nennen. Nicht nur ich erschrak, auch die acht Männer waren ergriffen von der Demut, die sich in der Furcht der beiden ausdrückte. Wie jung sie waren, welche Kindergesichter!

Ich hörte Gerd rufen: «So lauft doch, lauft, dort ist doch die Grenze, macht, daß ihr rüberkommt, und dann ins Gebüsch!» Gohla Paul übersetzte das, als beide nicht reagierten, ins Polnische. Sie blickten sich an und sagten: «Nein, ihr schießt uns dann in den Rücken.» Da legten diejenigen der acht Männer, die ihre Gewehre mitgenommen hatten, die Waffen zu Boden und bedeuteten den beiden, sich zu entfernen. Jetzt liefen sie und verschwanden über die Grenze.

So begann für uns der Polenkrieg. Ich hatte meine kleine geschnitzte Madonna bekommen und barg sie auf dem Heimritt in meiner Bluse. Alles hatte damals eine Bedeutung, jedes Geschehen wurde ins Magische übertragen. So schrieb ich Gerd: «Die Madonna ist zerbrochen.»

Kriegsbeginn

In einer Septembernacht des Jahres 1939 erwachte ich von einem Beben. Die Kinder weinten, das Haus zitterte, in der Nachtluft war ein dumpfes Dröhnen zu hören. Die Käuzchen riefen beunruhigt, anders als sonst, etwas Unbekanntes kam auf uns zu, mit einem Ton, der noch niemals zu hören gewesen war. Ich stand auf und sattelte die Schimmelstute, um nach den Männern zu sehen, die im Wäldchen auf Posten waren. Als ich mich vom Park her der Straße näherte, da sah ich es: Das Kriegsungeheuer, das deutsche Heer, das sich ohne Unterlaß nach Polen hineinwälzte. Panzer, Geschütze, Kettenfahrzeuge, Infanterie, Reiter, wieder Panzer, Späher auf Motorrädern und wieder Infanterie, im Gleichschritt dröhnten ihre Tritte, die Gesichter namenlos, Soldaten, Werkzeuge der Staatsmacht, ausdruckslos ergeben, pflichterfüllend, dumpf ergeben marschierten sie – und so dauerte der Einmarsch nach Polen acht Tage lang. Während acht Tagen war es nicht möglich, die Straße zu überqueren, ohne Lücke schlich der Heerwurm an der Grenze entlang nach Polen hinein.

Ich kehrte um und ritt hinten über die Wiesen quer durch den Friedrichswald nach Klenove. Das Biwak war verlassen, die Männer waren fort.

Der staubig-düstere Tritt des Heeres wurde matter, holpernd, müde, leise. Ich verhielt mein Pferd, vom pastellfarbenen Septemberhimmel kreiselte ein morsches Blatt, sein Treffen mit dem Erdboden konnte ich hören. In Groß Graben begannen die Hunde zu bellen. Das Dorf lag mitten im Wald. Immer bellten die Hunde in Groß Graben, wenn etwas geschah. Aus einem Ort auf der polnischen Seite war der Schrei einer Frau zu hören. Ich ritt weiter, jetzt beeilte ich mich, nach Hause zu kommen. Hier und dort stiegen in Polen Leuchtraketen auf. Pfeifend, zischend peitschte vereinzelt ein Schuß, wie von einem Jagdgewehr – Partisanen hinter dem einmarschierenden Heer.

Einquartierung

Weiter ritt ich durch eine verlassene Welt – keine knirschenden, knarrenden Ackerwagen, mit Ochsen oder Pferden bespannt, belebten die Feldwege. Von der nahen Lichtung stieg kein Rauch auf, das Frühstücksfeuer der Waldarbeiter, das sonst um diese Zeit eine deutliche Rauchwolke in den lichten Septemberhimmel gesandt hatte – selbst die Großväter fehlten, die sonst die Kühe am Feldrain gehütet hatten. Die Männer waren fort, statt ihrer gab es Soldaten, überall Soldaten, im grauen Massengewand, in der Gewandung des Todes.

Im Stall auf dem kleinen Hof standen drei fremde Pferde, ein Bursche versorgte sie mit Wasser. Ich ging von hinten ins Haus, durch den kleinen Hof. In der Küche saßen Soldaten vor dem Herd und auf Bänken und brieten sich irgend etwas. Im Treppenhaus begegnete ich Offizieren, andere hatten im getäfelten Eßzimmer den großen Eichentisch ausgezogen und Landkarten darauf ausgebreitet, auf denen sie die bereits eroberten Teile des Nachbarlandes mit roten Fähnchen versahen und die noch zu erobernden mit andersfarbigen Fähnchen. Vor der Verandatreppe drängten sich um eine Gulaschkanone die Fahrer der Fahrzeuge, die sich getarnt im Park versteckt hatten. Sie füllten ihre Kochgeschirre und ließen sich müde auf den Treppenstufen unter den Säulen des Vordaches nieder. General von Briesen kam auf mich zu und teilte mir mit, daß er mit seinem Stab und den dazugehörigen Soldaten und Offizieren bei uns einquartiert sei und von hier aus den Krieg in Polen führen würde, um abends jeweils wieder ins Quartier zurückzukehren. Sein Adjutant, Oberstleutnant Wulff, stellte Soldaten für mich ab, die, jeweils abwechselnd, mir helfen sollten, das Heu einzufahren, das noch in Haufen auf den Wiesen lag – man verpflegte mich und die Kinder wie die Soldaten. Selbst spürte ich keine Angst, war auf eine unbestimmte Art mitgerissen von dem Geschehen.

Nur waren die Unruhe und die Kriegswolke, die über der Kampfzone hing, bedrohlich für die Kinder, und ich bat Gerds Mutter, die noch ein Auto besaß, sie vorübergehend zu sich zu holen. Ihr Heim lag 70 Kilometer westlich, und man mußte damals glauben, das sei ein sicherer Ort.

Ich bat General von Briesen herauszufinden, wo sich Gerd befände. Er tat es für mich, und ich erfuhr, daß die Männer, die zum Grenzschutz eingesetzt gewesen waren, zu ihren verschiedenen Regimentern gekommen waren und sich jetzt an der Front befanden.

Oberstleutnant Wulff konnte mir nun keine Soldaten mehr borgen, die Front war inzwischen so weit vorgerückt, daß sie ein neues Quartier weiter östlich beziehen mußten. Einer der Offiziere war schon gleich am dritten Tag nicht mehr mit dem Stab zurückgekehrt in unser Haus. Jetzt erfuhr ich, daß er beim Wassertrinken von einer Partisanin am Brunnen erstochen worden war. General von Briesen fand unser Gästebuch und schrieb hinein: «Gott erhalte Ihnen Ihre schöne Heimat.» – «Warum sollte er sie eigentlich nicht erhalten?» dachte ich zu jener Zeit noch.

Vorübergehend waren Haus und Hof jetzt leer. Schwester Martha kam auf ihrem Fahrrad und sagte: «An der Kreuzung liegt ein toter Soldat, wir müssen ihn wohl holen.»

Der erste Tote des Zweiten Weltkrieges

Wir spannten die beiden Braunen – Meute und Walli – vor den Leiterwagen, auf dem noch die Ladebäume vom Heueinfahren befestigt waren. Unten lag noch eine Lage Heu, ein duftendes Bett für den Unbekannten. Die tragenden Stuten waren von der Beschlagnahme durch die Wehrmacht verschont geblieben. Das Sitzbrett des Wagens hatten die Soldaten für ihre Lagerfeuer benutzt, so fuhren wir stehend, mühsam Balance haltend, bis auf die Chaussee. Dort begegneten wir den «Ersatzabteilungen», die nach Osten fluteten. Sie marschierten in schmaleren Kolonnen als die ersten Eroberer, so konnten wir neben ihnen herfahren. Sie sangen: «Auf der Heide blüht ein Blümelein, und das heißt: Erika.» Mit dem Gesang ermunterten sie sich selbst – und es schien ihnen zu gelingen.

Die Landstraße wurde von Birken und Ebereschen gesäumt, ihre roten Beeren leuchteten, durch die weißen Birkenstämme schimmerten die sandigen Felder von Wegersdorf gelb hindurch, die Roggenhalme konnte man zählen, eine Katze saß unbeweglich vor einem Mauseloch. Jetzt waren wir an der Kreuzung, wir passierten die von Süden kommende Straße Breslau–Lodz; 50 Meter noch, da sahen wir den auf Heidekraut ruhenden jungen Soldaten. Ein kleines, rundes, schwarzes Loch in seiner Stirn zeigte an, daß er nicht schlief. Wie lange mochte er dort schon gelegen haben? Es war keine Zeit gewesen, ihn zu begraben. Ich nahm Erkennungsmarke und Soldbuch an mich, um beides später seiner Frau zu senden. Er war 26 Jahre alt, stammte aus Kiel und hatte drei Kinder. Nach Distelwitz war es nur noch einen Kilometer weiter geradeaus. Wir fuhren mit ihm zum Bürgermeister des Ortes und baten um ein Begräbnis. Das sei unmöglich, sagte er, er habe keinen Mann mehr im Ort, keinen, der graben könne, wir sollten ihn nach Rudelsdorf bringen, dort sei noch dieser oder jener zu Hause.

In Rudelsdorf, das sieben Kilometer südlich in Richtung Breslau lag, die gleiche Antwort: Nach Charlottenthal sollten wir fahren und es dort versuchen. Wieder wenden, langsam zurück durch den dunklen Tannenwald bis zur Kreuzung, nun in Richtung Neumittelwalde, dahin, wo gelber Sand und spärliche windzerzauste Birken die Landschaft prägten. Zwei wildernde Hunde streunten über ein abgeerntetes Feld, die geduckten Häuschen von Charlottenthal tauchten auf.

Einen Bürgermeister gab es dort nicht mehr. Wir fanden niemanden, unser Auftrag konnte auch hier nicht erfüllt werden. «Nach Hause», sagte Schwester Martha und zog den großen Kirchenschlüssel aus der tiefen Tasche des weiten grauen Faltenrokkes. Sie stand gespreizt über dem Toten, um nicht das Gleichgewicht zu verlieren, und hielt sich an einer der Wagenleitern fest. Gebannt und entsetzt starrte sie in die erloschenen offenen Augen des jungen Soldaten. Sie konnte ihren Blick erst von ihm lösen, als wir auf der Buchenhainer Landstraße große Büschel leuchtendroter Ebereschen pflückten und auf sein Gesicht, seine Augen legten. Mit Birkenzweigen deckten wir den Körper zu. Jetzt war er nur noch ein Teil der vergänglichen Natur, er war ein Stück Buchenhainer Land geworden, der Tod hatte seinen Schrecken verloren.

Vor der Kirche hielt das Gefährt, die Kirchentür quietschte und knarrte, als wir den ganz leicht gewordenen Körper hindurchtrugen und auf zwei Stühle vor dem Altar betteten. Der Hund Rasch hatte das Poltern des Wagens gehört und kam herbeigesprungen. Er setzte sich vor den Toten und begann ein lang andauerndes Klagegeheul. So, wie er beim Fortgang seines Herrn stumm getrauert hatte, beklagte er jetzt laut den Tod. Er blieb als Totenwache in der Kirche zurück. Ich rief die Kaserne in Oels an und bat um ein Begräbnis. Man wolle das Möglichste versuchen, war die Antwort. Mitten in der Nacht kam Rasch zurück. Da wußte ich, der Soldat war abgeholt worden. Plötzlich hatte ich eine bezwingende Vision: Dieser Krieg würde verloren werden.

Das Rollen und Stampfen auf der Landstraße hatte aufgehört. Die Schlangen mit «Kriegsmaterial» waren vorübergezogen, schon neigte sich der Blitzkrieg seinem Ende zu. Den großen Hof, der vollends abgeschnitten gewesen war, konnte ich nun wieder aufsuchen. Die Polen, voran Vater Ordon, hatten meisterhaft gewirtschaftet, und in einem einzigen Augenblick wurde es mir klar:

Was waren das für Menschen, die Opfer brachten, in eigener Verantwortung, ohne Antrieb von außen schwer arbeiteten, für einen Herrn, der gegen ihr eigenes Land in den Krieg gezogen war. Ja, ich verstand, daß sie das taten, daß sie das leisteten aus der Quelle ihrer Seele heraus. Sie liebten das Land, die Tiere, die Pflanzen, alles, was wuchs und lebte, den Boden, den sie pflügten, die Erde, auf der sie standen, mehr als alle Begriffe. Und doch sangen sie abends in ihren Hütten: «Noch ist Polen nicht verloren, in uns wohnt sein Glück, was an Obhut ging verloren, bringt das Schwert zurück.»

In überschwenglicher Dankbarkeit umarmte ich die schöne Valica Ordon (ich schenkte ihr später mein Lieblingskleid und hieß sie das «P» ablegen, das den Polen im Dritten Reich aufgezwungen war, es sollte sie degradieren, wie die Juden der gelbe Stern). Ich drückte Valicas Bruder Leon die Hand und fragte Vater Ordon, wie sie das alles geschafft hatten. «Die brüderliche Liebe», sagte Ordon, «soll uns in selbstloser Gesinnung erweisen, Gott sollen wir in Liebe fürchten, und dann ist es egal, wie der Krieg ausgeht. Hauptsache: Chef kommt zurück.» An diese Worte des alten bärtigen Patriarchen Ordon habe ich an jedem weiteren Tag meines Lebens gedacht.

Jetzt sah ich mich um auf dem großen Hof: Die Pferde, die uns die Wehrmacht noch gelassen hatte, waren dick und glänzend, zwei Kühe, Quarkfrau und Quitte, hatten gekalbt, eine Sau hatte elf Ferkel zur Welt gebracht, von denen zehn gesund und munter saugten. Eins war ein Kümmerling. Die dazu vorbestimmten Äkker waren mit Roggen bestellt, der Weizen hatte noch Zeit, Kartoffeln mußten geerntet werden. Die Brennerei stand still, der Brenner war als Soldat eingezogen worden, 30000 Liter Spiritus konnten nicht gebrannt werden, auch fehlte, und das war schlimm, die Schlempe für die Kühe, die aus Röhren direkt von der Brennerei aus in die Kuhstalltröge lief. Die Kühe mußten umgestellt werden auf Rübenblatt, wir mußten die Rüben vorzeitig ernten.

Ich stellte einen Antrag, den Brenner Ewald Browald u. k. zu stellen, «unabkömmlich», und seine Heimkehr zu erwirken. Schließlich war der Spiritus ein kriegswichtiges Material! Das kümmerliche Ferkelchen nahm ich mit ins Haus. Dackelhündin Silva hatte zwei Junge, dazu säugte sie zwei Kätzchen, deren Mutter verschollen war. Sie nahm sofort auch das winzige Ferkel in ihrer Familie auf, wenn auch anfangs der fremde Geruch ein kleines Mißtrauen geweckt hatte – es verschwand sofort, als das kleine Tier gierig zu saugen begann. Diese seltsame Familie lebte unter dem Küchenherd, dort, wo eine Höhlung für das feuchte Holz gelassen war. Bald schon zog Mutter Silva mit ihrer Schar über den Hof, und es dauerte nicht lange, da war ihr das Schwein über den Kopf gewachsen. Wir sperrten es in den Schweinestall, wo es Tag und Nacht derart quiekte und schrie, daß es sich seinen Platz im Haus zurückeroberte. Später haben es Soldaten ständig wechselnder Einquartierungen dressiert. Es lernte, mit Hut und Sonnenbrille, ein Eierkörbchen im Maul, eine Stehleiter zu besteigen, es legte sich auf den Rücken, ließ sich am Bauch kraulen und kam auf Zuruf. «Egon» hatten es die Kinder getauft. Als einmal der uralte Onkel Egon von Schmettow zu Besuch kam, wälzte sich Egon munter in der Einfahrt und streckte alle vier Läufe in die Luft. «Sieh mal», rief Barbara fröhlich, «wir haben ihn nach dir getauft, er heißt Egon!» An die Reaktion des Onkels kann ich mich nicht mehr erinnern.

Heimkehr

Frühe Nebel verschleierten schon das Land, auf den Wiesen wallten sie und stürmten in großen Schwaden davon, wie Wolken, die herabgefallen waren. Jetzt begannen die Hirsche zu schreien, die Kinder fürchteten sich, manchmal klang es wie das Brüllen von Löwen. Ich wünschte Gerd zurück. Er war die Ruhe. In seiner Nähe brauchte man sich nicht zu fürchten. Es war eine kalte Herbstnacht, als Rasch laut winselnd an der Tür kratzte und in der Dunkelheit verschwand. Weit hinten im Dorf hatte er das Häuflein der Männer erlauscht, die heimgekehrt waren und sich verabschiedeten. Diesmal waren sie es noch alle. Sie waren noch einmal davongekommen. Nur Gerd fehlte noch, aber sie wußten, daß er lebte und bald kommen würde. Er habe noch einen besonderen Auftrag zu erfüllen. Der Hund Rasch hatte seine Kameraden empfangen und begrüßt. Lange nach dem Krieg erfuhr ich, was es für ein besonderer Auftrag gewesen war, der Gerd damals in Polen festgehalten hatte. Und dieser geheime Auftrag, so, wie er ihn erfüllt hatte, hat uns später einen Freund und Retter beschert, der den Kindern und mir in den schwersten Jahren helfend beigestanden hat. Es war der Jude Rotter, dem Gerd damals das Leben rettete – doch das erfuhr ich erst viel später.

Und wieder Einquartierung

Ich hatte Pflanzen gefahren für die Kulturen. Mit den schnellen Schimmelstuten Sibylle und Sulamith war es auf den rumpligen Waldwegen mit den voll beladenen Bretterwagen ein recht mühsames Unternehmen. Die Pflanzen waren schwer, jede hatte einen Erdballen um ihre Wurzeln. Für die Frauen war das Pflanzen schwere Arbeit, vor allem bei dem Boden, der in diesem Jahr besonders hart und trocken war.

Als ich aus dem Wald kam, sah ich hellgraue Gestalten auf der Veranda. Ich traute meinen Augen nicht, da saßen neue, fremde Soldaten in sauberen, hellen Uniformen mit hellbraunen Koppeln. Sie saßen da auf den Bänken hinter den Oleanderbüschen und tranken Sekt aus unserer Suppenschüssel.

Es waren Reservisten. Sie sollten die aktive Truppe ablösen und das polnische Land besetzen. Ihr Anführer war ein Margarinefabrikant aus Hamburg. Seinen Namen habe ich vergessen.

Der Hamburger Leutnant also war in unserem Haus herumgegangen, hatte ein Bügelbrett und -eisen gefunden, hatte beides bereits im blauen Zimmer aufgebaut und rief mich, um sein Hemd zu bügeln.

«Wozu wollen Sie Ihr Hemd noch bügeln?» fragte ich. «Vielleicht sind Sie morgen schon tot?» – «Gerade darum», antwortete der Leutnant.

Und in diesem Zwiespalt lag das ganze Problem, das mir später in meinem Leben so viel Kopfzerbrechen bereiten sollte. *Was* ist wirklich wichtig, und was kann, angesichts des lebendigen Lebens, verhüllt bleiben und auf den zweiten oder dritten Rang verwiesen werden? Ich bügelte schließlich das Hemd, aber ich habe nie erfahren, ob er sich noch lange daran erfreuen konnte.

Am Abend veranstaltete die Reservistentruppe ein großes Festessen. Der Eichentisch, der vor kurzem noch die Generalstabskarten des Stabes Briesen beherbergt hatte, war nun gedeckt mit unserem Festservice. Ordonnanzen trugen Bratenplatten und Bowlekrüge – und ich wurde gebeten, mit den Offizieren zu tafeln.

Mit kindischem Stolz und Starrsinn antwortete ich: «Wie könnte ich mit Ihnen feiern und trinken, während mein Mann noch an der Front ist!» Ich kehrte den wohlmeinenden Männern den Rücken und ging ins Kinderzimmer. Damals war ich sehr stolz auf meine Haltung und meinte, ich sei eine vorbildliche Soldatenfrau. Doch sofort wurde ich schwankend. Gesine sagte: «Es riecht so gut nach Braten, bekommen wir auch etwas davon?» Nach meiner Ablehnung konnte ich die Soldaten doch nun nicht um Fleisch für die Kinder bitten. So stieg ich in die Räucherkammer und holte für Gesine und Barbara, Hans war noch zu klein, ein Stück Räucherwurst, von der sie sehr durstig wurden.

Vom Winde verweht, verschluckt von der weiten polnischen Ebene waren am nächsten Morgen die Männer in den gebügelten Uniformen. Zug um Zug folgten ihnen erdbraune Gestalten, Männer in mittleren Jahren, ruhig. Handwerker, denen man Gesichertsein und Bürgertum ansah: die Organisation Todt. Statt Waffen trugen sie Spaten und Hacken am Koppel, in ihren Lastautos waren Werkzeugkästen. Sie waren gekommen, um hinter den Truppen Wege durch Polen zu bauen, Straßen, Lichtleitungen zu legen und hier und da eine Wasserpumpe zu reparieren. In Polen wurden die Dörfer mit Strom versehen, die man erobert hatte, und das viele Unglück, das sich in dem Land ereignete, wurde beleuchtet. Durch das elektrische Licht wurde das Land mit einem Schlag ein anderes. Es verlor sein Geheimnis, wurde jedoch greifbarer.

Die erdbraunen Männer hatten auch auf unserem Hof alles repariert, was kaputt gewesen war. Sie hatten eine Spur von einem gesicherten Leben mitgebracht und hinterließen eine Leere, als sie bald schon weiterzogen. Sie waren mitten in der Nacht mit ihren rumpelnden offenen Lastautos davongefahren. Diejenigen unter ihnen, die zu Fuß marschierten, waren lose ausgeschwärmt, nächtens durch die Felder nach Osten. Der Westwind half ihnen, wie Staubkörner nach Osten hineinzuwehen. Und mit dem Eindringen in das fremde Land veränderten sie sich, ihr Wesen löste sich von seinem Bürgertum. Sie, die eben noch sichere Handwerker gewesen waren, sie legten ab, was ihr Leben eingleisig und festgefügt gezeichnet hatte. Sie schwebten davon, leicht, bis das große Staunen oder der große Schrecken ihre neue Gestalt auslöschte.

Aber der Osten verlor nichts von seiner Herrlichkeit. Alle furchtbaren Schlachten, die ganze aufgescheuchte Menschheit mit ihren Grausamkeiten und auch mit ihrem stillen, verzichtenden, unerkannten Heldentum konnte ihn kaum verwunden. Aber bei uns kehrte nun die Stille ein, die bedrückende, lautlose Einsamkeit. Irgendwo tobte der Krieg, aber man wußte nichts mehr – und das war viel schwerer als das Miterleben der vorhergegangenen Zeit.

Ein überraschender Urlaub

Der Winter kündigte sich an mit klarer Luft. Wildgänse zogen nach Süden, ihre Schreie, ihr klug gefügtes Flugdreieck waren stets ein Zeichen für uns gewesen. Auf der Landstraße hörte man lang entbehrte Männerstimmen, Marschtritte. Es waren junge Leute mit guten Muskeln, Lehrlinge, Studenten, ein neues Aufgebot, das nach Osten in Marsch gesetzt worden war. Ich lauschte ihren Gesprächen, wenn sie zuweilen am Grabenrand rasteten – sie rochen nach Kampf und Blut.

Am nächsten Morgen schneite es in dicken Flocken. Gerd war gekommen. Alle Sorge, alle Verantwortung fiel von meinen Schultern ab. Jetzt lebte ich einfach nur noch. Aber seine Augen waren traurig und abwesend, von der Ahnung eines drohenden Verhängnisses erfüllt. Ich dachte an das Rätsel des Unterganges, aus dem es kein Entrinnen gab. Dankbarkeit für die noch einmal geschenkte Heimkehr führte uns in die Kirche. Der Pastor sprach über die Worte: «Wachet, steht im Glauben, seid männlich und seid stark.» Ich bezog all diese Worte auf meinen Mann. Er war männlich und stark, er wachte mit einem immer bereiten Halbwachsein des Nachts über mich und die Kinder, er war die Güte. All dieses Denken erhob mich – ich lebte in einer Dimension, die sich über dem Alltag befand.

Nach der Kirche war Kindergottesdienst, Barbara und Gesine kamen hinzu. Es brachten alle die Krieger, die aus Polen heimgekehrt waren, ihre Kinder in die Kirche. Der kleine Raum füllte sich mit dankbaren Männern, die voller Ehrfurcht vor der Unversehrtheit ihres Schicksals, im unbestimmten Glauben, Verhängnis abzuwenden, ihre Gotteszugehörigkeit beweisen wollten. Der Pastor sprach zu den Männern von der Ehe. Lange hatten sie ihre Frauen entbehrt. «Haltet eure Frau wie eine Königin», sagte er.

Auf dem Heimweg faßte mich Gerd bei der Hand und sagte: «Und du sollst meine Kaiserin sein.» Würde ich diesem Anspruch jemals gerecht werden können? Es war eine Forderung, die mich zwang, das Höchstmögliche von mir selbst zu verlangen, mich selbst zu bewachen, zu beherrschen. Und ich wußte: Er liebte mich. Und dies Bewußtsein verlieh mir Riesenkräfte. Aus dem großen Glück meines Lebens heraus gelang es mir, in der kommenden Zeit zu überdauern.

Im Gasthaus gab es eine Heimkehrfeier für die Männer. Ich erlebte noch intensiver als damals im Wäldchen bei Klenove, was Kameradschaft bedeutet. Das Verhältnis dieser so verschiedenen Männer zueinander war überglänzt von einem gemeinsamen Erleben, das bei allem Schrecken ein reines Geheimnis ausstrahlte, das wir Frauen nur ahnen, nicht erfahren konnten. Die Unterschiede der Klassen, des Besitzes, des Alters hatten diese Männer weit hinter sich gelassen. Was sie verband, war eben dieses Geheimnis, dessen innere Kraft ich hatte erfahren dürfen, als sie bei Kriegsbeginn die beiden polnischen Flieger bewußt hatten entkommen lassen.

Wenige Wochen gemeinsamen Schaffens gewährten uns eine Gnadenfrist. Gerd begann ein Betriebswerk für den Wald, gemeinsam mit Förster Gallien. Beide versuchten, trotz des kriegsbedingten, viel zu hohen Pflichteinschlags, den Wald zu schonen und aufzuforsten, wo immer es möglich war. Er bewirkte endgültig die Rückkehr des Brenners, der um so nötiger war, als man aus dem Spiritus inzwischen Sprit für Panzer herstellte. Er lehrte mich, den kostbaren Rübensamen zu gewinnen und Gefangene aus dem Zuchthaus zu erbitten, damit der aufgezwungene Gemüseanbau, der soviel menschliche Arbeitskraft erforderte, bewältigt werden konnte. Diese Männer arbeiteten gern, waren froh, aus ihren Zellen herauszukommen, und keiner hat je die Freiheit ausgenutzt. Nun hätten sie im Dritten Reich auch nicht gewußt, wohin sie, einmal abgestempelt, hätten gehen sollen. Sie wußten: Man hätte sie in eine Uniform gesteckt, vielleicht in irgendeine Strafkompanie – in den hohen Mauern aber war ihnen wenigstens das Leben scheinbar sicher.

Die Kinder hatten nun einen Vater, der für sie da war. Das Weihnachtsfest wurde mit Liedern und langen Rodelschlittenfahrten gefeiert. Das ganze Dorf hängte sich an, die Pferde hatten Glöckchen am Geschirr, und weithin hörte man das helle Gebimmel und die fröhlichen Kinderstimmen. Am Heiligen Abend führte Ordon die Pferde vor die Haustreppe und bekreuzigte sie alle. Als die Kinder schon schliefen, kamen die Polenfamilien ins große Eßzimmer und tranken mit uns Punsch und erzählten von ihrem Leben, von ihrem Zuhause und von den Geheimnissen ihres katholischen Glaubens – wie sehr sie doch an Wunder glaubten!

Es gab drei deutsche Waldarbeiterfamilien. Sie übten diesen Beruf schon seit Generationen aus, es waren die Brüder Oskar und Paul Bloch und die Familie Bargenda. Sie lebten zusätzlich von dem, was der Wald bot: Hasen und Felle, Holz zum Brennen, Fichtenstämme und Beeren. Gerd bat mich, sie niemals zu kontrollieren. «Der Wald ernährt uns alle», sagte er, «sieh die Häuser in Wegersdorf an, wie arm die Menschen dort sind!»

Als kurz nach Weihnachten, im zeitigen Vorfrühling 1940, Hitler und Stalin ein Wirtschaftsabkommen schlossen, keimte Hoffnung in den Herzen: «Wir müssen nicht wieder fort, wir können daheim bleiben – der Krieg wird zu Ende sein.»

Da aber tönte das Lied aus dem Lautsprecher: «Denn wir fahren, denn wir fahren gegen Engeland.» Norwegen kapitulierte, Holland und Belgien wurden besetzt, die Schlacht um Frankreich begann, bald wurde auch die Maginot-Linie durchbrochen, eine schwarze, knochige Riesenhand preßte unsere Herzen zusammen: der erneute Gestellungsbefehl, vor dem es kein Entrinnen gab. Diesmal gab es keinen Abschied auf der Dorfstraße, ein jeder mußte zu einer anderen Zeit zu einer anderen Einheit. Die Männer wußten: So, wie sie in Polen Krieg geführt hatten, konnte es niemals mehr werden, sie waren allein – was konnte schon einer unter so vielen Fremden ausrichten? Es gab einen Abend des Abschieds. Wieder in unserem großen Eßzimmer. Es wurde viel selbstgebrauter Wein getrunken, man vergaß die Angst. Alle fürchteten für ihre Frauen, Kinder und für ihre Heimat – sie sprachen noch einmal über das Nordlicht und über das Schicksal, das es heraufbeschworen hatte. Jetzt trugen die Männer ihre Uniformen nicht mehr aufrecht und leicht, sie duckten sich unter der Last ihrer Waffen und schlichen davon – zum Sterben.

«Jungens, haltet die Ohren steif», sagte der Älteste, «es wird schon nicht so schlimm werden!»

Aber der Krieg hat sie alle verschlungen.

Im kalten Licht eines klaren Vorfrühlingstages brachte ich Gerd zum Bahnhof. Der Zug, der ihn zu seiner Ersatzeinheit nach Oels bringen sollte, war angefüllt mit polnischen Gefangenen, die aus unbestimmtem Grunde nach Westen transportiert wurden, bewacht von SS.

Gerd war der einzige deutsche Soldat in dem Zug. Er zog seine Mütze tief ins Gesicht – ich wußte, was er dachte. Es war die Scham, die aus dem innersten Menschsein kam: er, frei und erhöht, die anderen, gefangen, erniedrigt, ihrer Würde beraubt. Und er dachte an alles, was er verlassen mußte: an seine Kinder, an die Tiere, an alle Menschen, die ihm anvertraut waren. Und er dachte auch an die Morgenröte und die langen Nächte, in denen die Unruhe der Natur sich uns auf bezwingende Weise mitgeteilt hatte, das Wild, das unstet umherschweifte, die Helligkeit der Nacht bot keine Deckung, und an die Geräusche, die die Nachtstille durchbrachen, die Stille, die uns verschonte, uns umfing, die die Zeit anhielt.

Ich blieb zurück, umgeben von der Herrlichkeit des alles umfassenden, pulsierenden Lebens, er war ein Teil davon, ein Teil, der ins Nichts, in die Sinnlosigkeit getrieben wurde – machtlos. Für mich aber war er das Ganze, ohne ihn verlor für mich auch alles andere seine Bedeutung – nur seine und meine Kinder nicht.

Man gewöhnte sich an das Abenteuer. «Doch nicht auf das Abenteuer kommt es an», schrieb er, «sondern auf das, was man verteidigt. Die Vergangenheit geht mit mir als ein Bild – das Bild wird bleiben – Zukunft? Unglück, Gefahren – Chaos – doch uns verbindet ein unlösbares Band – es kann nicht zerreißen – niemals!»

Und ich sandte ihm in jedem Feldpostbrief etwas von dem, was in Buchenhainer Erde gewachsen war: eine Weizenähre, eine Haferdolde, ein Rübenblatt. Es war der Glaube, der Tod könne ihn nicht treffen, solange das lebte und wuchs, was er gesät hatte. Und es war Winter, als am Ende des langen Krieges ein Geschoß seinen Körper tötete.

Weihnachten 1940 vereinte uns noch einmal alle. Die Vettern besuchten uns im Urlaub und zur Jagd – die Kinder fuhren mit Schlitten in den Wald. Alle polnischen Familien kamen vom Hof ins große Haus, um mit uns zu feiern. Am 30. Dezember gab es eine Treibjagd. Ich hatte im Sommer viele Fasanen großgezogen. Aus den ausgemähten Nestern hatten wir die verlassenen Eier brütenden Hühnern untergelegt. Nun waren sie groß und zahm und kamen zur Fütterung. Am Jagdtag pfiff ich im kleinen Hof. Meine 40 Fasanen flogen auf die Hofmauer, ihr Futter erwartend. Geschossen wurde keiner.

Onkel Christian kam zur Jagd, es kam auch der Landrat aus der Stadt Kempen, die im Polenkrieg besetzt worden war. Herr Neumann, der Landrat, stammte aus Hamburg. Er kannte die polnische Mentalität nicht und wurde 1944 von der polnischen Résistance auf dem Marktplatz in Kempen erhängt.

Onkel Christian war bei dem verharschten Schnee gegen einen Baum gefahren und hatte sich einige Rippen gebrochen. Verwirrt, wie er war, fragte er Gerd: «Weißt du noch, welches Auge man beim Schießen zukneift?»

Dr. Rimpler, der alte Hausarzt, kam. Doch ehe er den Verletzten verbinden konnte, mußte er rasch die Sibylle auf die Welt bringen, die mit ihrem Erscheinen gewartet hatte, bis ich den lang ausgezogenen Eichentisch für das Jagdessen gerichtet hatte.

Als die Männer aus dem Wald kamen, legte Frau Sobisch die neue Tochter ihrem Vater in die Arme.

Am nächsten Tag – Silvester – war Haustaufe. Und dann wieder der Abschied, Ende eines Urlaubs, und das Leben in Buchenhain ging weiter. Die Kriegsdrohung über dem Osten verdichtete sich. Das Leben versuchte sich gegen den Tod zu behaupten: aufbauen, säen, pflanzen, Tiere pflegen, gebären – ein unbewußter, doch zwingender Wettlauf mit dem Untergang.

Jeder Feldpostbrief gab mir Anweisung, was in Hof und Feld zu tun sei. Die Bürde des Lebens zu teilen, seinem größeren Können, seiner geistigen Reife sich zu unterwerfen gab eine Beglückung, die nur wenige Menschen erfahren können.

Buchenhain

Die Autorin

Der Weg von Buchenhain nach Festenberg (S. 60)

Die Försterei von Herrn Gallien (S. 60)

Landwirtschaft in Buchenhain

Die Autorin mit einem Fohlen aus eigener Zucht

Walli Ordon mit einer Freundin

Walli Ordon mit ihrem späteren Mann und einer Landarbeiterin auf dem Traktor

Polnische und deutsche Landarbeiter beim Rübenhacken

Zwei polnische und ein französischer Gefangener
mit einer Cousine eines der beiden Polen

Die Pferde Meute und Walli vor dem Wildfutterwagen (S. 82)

Die Geschwister Ordon; Walli (links) im Lieblingskleid der Autorin (S. 84)

Die Autorin mit Sohn Hans im Frühjahr 1939

Russische Gefangene in Zivilkleidung,
die sie sich für dieses Erinnerungsfoto leihen mußten

Das Haus, in dem Hans die Ikonen fand, die er den russischen Gefangenen schenkte (S. 86)

Tochter Barbara mit einem Fohlen, ca. 1944

Die andere Seite

Weil Lebensmittel, Stoffe und Schuhe rationiert wurden – alles ging an die Fronten des Weltkrieges –, fuhr ich häufig mit den Kindern in das besetzte Polen, im kleinen Grenzverkehr war die Überfahrt problemlos, und kaufte Kleidung und Gummistiefel für die Waldarbeiter, brachte viele Zentner Zucker mit, der in Polen billig war, bei uns aber teuer gehandelt wurde. Die freundlichen Zöllner bekamen, anstatt Zoll zu kassieren, Zucker für ihre Familien.

Unsere Freunde Blau in Strenze litten, obwohl selbst Deutsche, unter der deutschen Besatzung. 1918 hatten sie für Polen optiert und konnten so ihre Ländereien in der Nähe von Kempen behalten. Während der Zeit, da das Land polnisch war, mußten sie zwar mehr Steuern bezahlen, lebten und arbeiteten aber sonst ungehindert, wie die Polen selbst. Strenze war ein riesiger Landbesitz, auf dem viele edle Zuchtstuten von Vater Blau betreut wurden. Die stark mit arabischem Einschlag veredelte, gesunde und leistungsfähige Pferderasse nannte man «Posener Halbblut». Jedes Jahr verkaufte Herr Blau viele Drei- bis Vierjährige an die polnische Remonte-Kommission. Er fuhr sein Getreide nur vierspännig ein und verrichtete alle Feldarbeiten mit seinen Pferden.

Seine Tochter war durch Kinderlähmung behindert und hatte einen Spaniel, der ihren unbeweglichen Händen alles zutrug. Fritz Blau, der älteste Sohn, war zum polnischen Heer eingezogen. Herr Blau litt unter der Machtlosigkeit, mit der er ansehen mußte, wie deutsche Besatzung, vor allem SS, den Polen eine psychologisch falsche Behandlung zufügte, die einzig Haß säte, nicht «Befreiung». Ihm selbst gab man keinen führenden Posten, da er 1918 für Polen optiert hatte. Das Treiben des landfremden Landrats sah er mit Schrecken, ohne es verhindern zu können. Das Schicksal von Fritz Blau war das eines Wanderers zwischen zwei Fronten. Zum polnischen Heeresdienst eingezogen, wurde er an der russischen

Grenze eingesetzt. Zunächst noch waren ja die Russen unsere Verbündeten und ebenso Polens Feinde wie wir auch. Als der Rußland-Krieg ausbrach, sollte verhindert werden, daß die Deutschen, die im polnischen Heer dienten, Radio hörten. Fritz aber hatte schon vorher heimlich, als er in Wilna die Kasernen reinigen sollte, den Rundfunk eingeschaltet und so erfahren, daß zwischen uns und Rußland ein Pakt bestand. Um nicht auf Deutsche oder an der russischen Grenze auf unsere Verbündeten schießen zu müssen, sah er als einzigen Ausweg die Flucht. Mit den Kleidern einer Vogelscheuche gelang es ihm, bis Ostpreußen zu wandern. Ein Eisenbahner verbarg ihn, nachdem er die stark bewachte Grenze unbemerkt überschritten hatte.

Doch der Staatssicherheitsdienst stöberte ihn auf und verhaftete ihn als Spion, ohne seinen Worten Glauben zu schenken. Die SS lieferte ihn an die Polen aus, die ihm glaubten und seine Beweggründe verstanden. Er wurde nicht bestraft. Schweren Herzens floh er nun nach Rußland. Ungern enttäuschte er abermals seine polnischen Kameraden. Die Russen aber hatten inzwischen den deutschen Angriff am Bug abzuwehren und erschossen Fritz als Überläufer.

Schicksal eines Grenzbewohners, wie es sich ähnlich auch im Elsaß und in Tirol hätte ereignen können.

Es war im Winter 1940/41, als Gerd und ich wieder einmal nach Polen fuhren, um uns um Laski zu kümmern. Das Gut Laski hatten die Urgroßeltern Loesch von Maria Theresia gekauft und aus dem Unland 10000 Morgen Moorkultur geschaffen, Schule, Kindergarten, Kirche gegründet, Stallungen und schließlich ein Haus erbaut. 1924 wurde der Besitz vom internationalen Schiedsgericht in Paris der polnisch gewordenen Universität Posen zugesprochen. Mein Schwiegervater mußte mit seiner Familie ausreisen und erhielt als Entschädigung die Güter Heidewilxen und Buchenhain. Ohne Vieh und ohne Inventar.

Eine vage Hoffnung hatte uns geschienen: die Rückgabe von Laski an die Familie. Als wir aber hinkamen, gehörte es bereits der nunmehr wieder deutschen Universität Posen, die es hervorragend bewirtschaftete. Sogar die Fasanerie war noch voll besetzt. Nicht weit von Laski lag das Gut Trembatschau, das dem Grafen Mainkowsky gehörte. Von ihm stammten die schönen Kinder der Frau Ordon, Leon und Wladislawa, genannt Walli.

Ich bat Gerd, den Grafen zu besuchen, weil ich einfach neugierig war, wie der Vater solch wunderschöner Kinder wohl leben und aussehen möge und was für ein Mensch die Frau sei, die zu ihm gehörte. Sie war Schweizerin. Seltsamerweise trug Gerd auf dieser Fahrt Uniform, aber es mag wohl damals Vorschrift gewesen sein, nicht anders als in dieser Tracht Polen zu bereisen. Kurz, wir machten Graf und Gräfin Mainkowsky einen Besuch.

Ein Landarbeiter spannte die Schimmelstuten Sibylle und Sulamith aus und führte sie in einen Stall, in dem etwa 20 herrliche Araber, meist Schimmel, standen, deren Stammvater aus Janow kam. Im Gutshaus wurden wir von einem grün-livrierten Diener empfangen, der uns ein silbernes Tablett hinhielt, um unsere Visitenkarten darauf zu legen. Wir hatten keine. Der Diener entfernte sich. Wir warteten. Wir sahen in der Halle ein Bild von August dem Starken als König von Polen, ein anderes, worauf die Kathedrale in Krakau in ihrer Pracht zu sehen war, eines, das Weichselfischer zeigte, und schließlich Fotos und Stiche von Pferden und Hunden.

Endlich kam jemand, jedoch war es nicht der Graf, sondern der sogenannte Treuhänder, der, von der deutschen Regierung eingesetzt, aus dem ertragreichen, gutbewirtschafteten Gut größtmögliche Abgaben hervorzaubern sollte. Er stellte sich als Herr Schwarz vor. Später lernten wir noch den Inspektor namens Roth und die Sekretärin, Fräulein Weiss, kennen, so daß die Besatzung dieses Gutes schwarz-weiß-rot war.

Schon hatte ich es aufgegeben, den Grafen kennenzulernen, als ein asketisch wirkender, genial gekleideter Edelmann uns in ein kleines Boudoir führte, in dem er uns einen Teetisch nach englischer Art gedeckt hatte. Er entschuldigte sich für die Kargheit der Mahlzeit sowie für den kleinen Raum – sein Haus sei bis ans Dach voll deutscher Einquartierung.

Mit Befremden stellten wir fest, daß der Graf und seine schöne, großherzig erscheinende, warmherzige und stolze junge Frau von Angst gejagt waren. Treuhänder, Inspektor, Sekretärin schienen eine Art Kommissariat zu bilden, unter dem die Familie des Grafen wie in einer Zwangsjacke lebte und nie wußte, wann sie alles würde aufgeben und verlassen müssen. Jedoch freute es uns, später zu hören, daß sie verschont geblieben sind, da die junge Gräfin Schweizerin war. Der Besitz konnte nicht requiriert werden, da

Mainkowsky rechtzeitig den gesamten Besitz seiner Frau überschrieben hatte.

Der Graf Mainkowsky bot uns an, auf seinen Pferden mit ihm durch die Wälder zu reiten. Da Gerd in Uniform war, wurde uns erlaubt, ohne Begleitung von Gestapo oder SS mit dem Grafen zu reiten. Wir sollten uns Pferde aussuchen. Gerd nahm einen großen Fuchs, ich eine kleine Schimmelstute. In einem raschen Dauertrab, der ständig durch hohen Schnee führte, legten wir in Windeseile 30 Kilometer zurück und hatten es kaum bemerkt. Somit hatten wir den größten Teil der Mainkowskyschen Besitzungen durchquert. Als wir uns, begeistert von den edlen, guttrainierten Pferden, bedankten, meinte der Graf, solches sei ihm lange nicht geschehen. Er *müsse* ja alles den Deutschen zur Verfügung stellen, denn wir seien doch die Sieger. Wir hätten ihn nicht als Sieger besucht, sondern als Menschen, meinte Gerd, und es könne ja auch einmal anders kommen. Unsere Situation könne mit der seinen vertauscht werden. Sah er damals die Zukunft voraus?

Auf der Heimfahrt fielen die Pferde in Galopp. Der Schlitten glitt über den leicht verharschten Schnee dahin, wie von Flügeln getragen. Bald verhüllte dichtes Schneetreiben die helle Nacht, und wir sahen die kristallenen Flocken über den Schlittenlichtern tanzen. Dann wieder kamen Sterne hervor, und ihre kalte Pracht spiegelte sich in den silbernen Schlittenglocken. Die Pferde prusteten und schnoben und erfreuten sich an der raschen, ungehemmten Bewegung und an dem lautlosen Gleiten. Wir empfanden den Zauber der Winternacht und fühlten Dankbarkeit für ein geschenktes gemeinsames Erlebnis. In der Diele fanden wir unter dem Lutherspruch ein Telegramm. Es bedeutete Gerd, den Urlaub sofort abzubrechen und sich zu seiner Einheit an die deutsch-russische Demarkationslinie zu begeben. Damals schon war Hitlers Plan, Rußland anzugreifen, unter dem Decknamen Unternehmen Barbarossa gereift. Der Name sollte die Erinnerung an einen Kreuzzug wachrufen und einen Weltanschauungs- und Rassenkrieg propagieren.

Gerd begab sich nach Lublin, in dessen weiter Umgebung die Kavallerie-Division abwartend lag. Sie sollte, ebenso wie die marschierenden Kräfte, nach dem Angriff der Einkesselung dienen. Als «Ersatz» für jeden abwesenden Landwirt wurden Kriegsgefangene «zugeteilt». Mir wurden zwei Franzosen geschickt, Jean und Joseph, zwei gemütliche Pariser Taxichauffeure. Betreut von meinem Vater, der vorzüglich französisch sprach, angeleitet von Förster Gallien, wurden sie im Verlauf der Kriegsjahre zu ausgezeichneten Waldarbeitern und Waldkennern. Ich legte eine Kaninchenzucht an, weil sie leidenschaftlich gern das Fleisch aßen, das sie mit berühmter französischer Kochkunst selbst zubereiteten.

Krieg in Rußland

Mit Beginn des Rußlandfeldzuges im Juni 1941 überdeckten die weltgeschichtlichen Ereignisse das persönliche Leben. Und doch schaffte man daheim, als wäre es für immer, ein Wettrennen mit dem Untergang, dem man zu entrinnen glaubte durch geschäftiges Tun, durch Treue im Kleinen. Es wurde uns ja auch ständig eingeredet, wir seien kriegswichtig, die Ablieferung eines jeden Gramms an Lebensmitteln, vielmehr noch deren Erzeugung, sei Hilfe für die Soldaten – und so war es ja wohl auch.

Zwei weitere polnische Familien kamen mit Wägelchen und Panjepferdchen und baten um Obdach und Arbeit. Beides bekamen sie. Für mich bedeuteten sie in ihrer Not, ihrer Armseligkeit, mit all dem, was sie verloren hatten, einen Hinweis auf die eigene Zukunft und die meiner Kinder.

Die grauen Feldpostbriefe mit den lebendigen Schriftzügen und das rückhaltlose Vertrauen, das aus ihnen sprach, halfen mir, das Luther-Wort zu befolgen, das Gerd ahnungsvoll in der Diele angebracht hatte: «Und wenn morgen die Welt untergeht, so will ich dennoch heute mein Apfelbäumchen pflanzen und meine Schulden bezahlen.»

Es war während der Kämpfe um Krusk, als er schrieb: «Ich sitze hier in meinem Erdloch und denke, daß Gott eigentlich ganz zufrieden mit mir sein wird, wenn ich komme. Vielleicht aber kehre ich auch noch zu Euch zurück. Das wünsche ich mir in einem teuer erkauften Frieden, in dem ich noch lange mit Euch leben und arbeiten möchte.»

Geheime Staatspolizei

Zu Hause indessen zeigte sich der Krieg von ganz anderer Seite. Die Knaben, die bei Kriegsbeginn vierzehn Jahre alt gewesen waren, mußten jetzt nach Oels zur Musterung. «Ach Gottchen», jammerten die Bäuerinnen, «wer wird nu bloß das Feld bestellen, wer wird uns Holz machen fürn Winter, und wer soll fürs Vieh das Futter fahrn?»

Und unheimlich tauchte plötzlich und unvermutet die Gestapo auf – und das nicht nur einmal! Was sie wollte? Schauen wollte sie, ob auch niemand mit den Polen an einem Tisch äße, ob alle auch das gelbe «P» trügen, ob wir auch von den Kriegsgefangenen, bisher nur Franzosen im Dorf, genügend Abstand hielten – ob niemand schwarz Kartoffelschnaps brenne (alle taten es!). Wegen solch geringfügiger Vergehen wurden unentbehrliche polnische Landarbeiter ins KZ gesteckt, die meisten kamen niemals wieder.

Unter den Knaben, die in den Krieg ziehen mußten, waren auch die Zwillingsbrüder Karl und Fritz Fink. Des Lesens und Schreibens unkundig, waren sie aber patente Kerle. Karl Fink hatte eine Kuh gesattelt. Einen riesigen Koffer am Gürtel baumelnd, so bestieg er die Kuh und ritt auf ihr geradewegs zum Bahnhof und in den Waggon hinein, der die Jungen mit ihren Habseligkeiten nach Oels bringen sollte. Mutter Fink nahm die erstaunte Kuh wieder mit heim. Sicher war ihr so der Abschied leichter.

Die hohe Kommission befragte die Brüder: «Ihr seid also die Zwillinge Fink?» – «Ja.» – «So, und du bist der Karl?» – «Nein.» «Dann bist also du der Karl?» – «Nein.» – «Bist du der Fritz?» «Nein.» – «*Du* bist also dann der Fritz?» – «Nein.» – «Oder habt ihr ganz andere Vornamen, und die Liste hier ist falsch aufgestellt worden?» – «Nein.» – «Dann stimmen also die hier vorliegenden Vornamen?» – «Ja.» – «Ja, zum Kuckuck, wißt ihr denn nicht, *wer* von euch der Karl und wer der Fritz ist?» – «Nein.» Damit war es unmöglich, die beiden zu Soldaten zu machen. Das Dorf freute sich über vier kräftige Jungenhände, die zurückkehrten.

Dennoch waren es zu wenig Männerhände. Dr. Barbarino, der Tierarzt, bereitete seinen Abschied vor, indem er, ehe er Soldat wurde, die Frauen auf den Höfen lehrte, tiermedizinische Handgriffe selbst zu verrichten. Ich lernte, die Kühe gegen Bazillus Bang zu impfen, Geschwüre bei Ochsen zu öffnen und den aufgeblähten Kühen einen Trocka in die Rippen zu stoßen an einer einzigen vorbestimmten Stelle. Das Impfen gelang, die Kuh starb, das Rasiermesser, mit dem ich dem Ochsen Moritz das Geschwür öffnen wollte, drang tief in meine Hand, aber keinen Millimeter in das Fell des Ochsen!

Die Gartentante

Zu uns zog Tante Maria, eine der unverheirateten Familientanten, die wegen eines Leidens nicht als kriegseinsatzfähig befunden worden war und nun bei uns im Garten exotische Gemüse hervorzauberte, Melonen und Tabak anbaute und die kargen Mahlzeiten – wir nahmen die Ablieferungspflicht sehr genau – durch Gemüse und Obst bereicherte. Sie war es auch, die den Kindern Lesen und Schreiben beibrachte, als wenig später beide Lehrer, der katholische sowie der evangelische, eingezogen wurden. Unser großes Eßzimmer verwandelte sich in einen Schulraum, in dem sich bald fast alle schulpflichtigen Kinder des Dorfes um Tante Maria und um Frau Buchwald scharten.

Indes war die Zeit nicht mehr meßbar – die Ereignisse überstürzten sich und griffen ineinander.

Eines Sonntags erfüllte eine Predigt über den Psalm 126 uns alle, die wir in der Kirche saßen, mit neuer Hoffnung. «Wohl schreitet man weinend dahin – doch jubelnd kehrt man heim.» Die gesenkten Köpfe der Frauen hoben sich – die Gesichter entspannten sich, und wie von Angst befreit, leuchtete ein Strahl der Hoffnung in ihnen auf. Doch wenn auch die Wehrmachtsberichte von Erfolgen sprachen, so glaubte ich aus ihnen Ohnmacht, ein Entgleiten des Siegeszuges herauszuhören. Eine graue Wand türmte sich im Osten auf und kam, von magischer Gewalt getrieben, Meile um Meile auf uns zu, und nachts in meinen Träumen sah ich sie auf die Kinder zukommen, und sie wurde dunkler und dunkler, schwerer und schwerer und drohte auf sie niederzustürzen.

Gerd schrieb aus der Kirgisensteppe: «Kargheit, und dann wieder Reichtum an Blumen, wenn Regen fällt, so ist die Steppenlandschaft.» Und weiter schrieb er: «Auf Anraten von Neuhaus habe ich Dir dieses Stiefmütterchen geschickt.» Ein kleines Blümchen in leuchtenden Farben lag zwischen den Briefseiten. Und wenig später schrieb er: «Neuhaus ist verwundet, er kommt nach Breslau ins

Lazarett – besuche ihn dort, doch hüte Dich vor Neuhaus, er ist ein großer Frauenverführer.» Ich nahm die Worte von Gerd für einen Scherz und wußte mich gewappnet und unberührbar für jederlei Verführungen. Treue gibt es nicht, es gibt nur Liebe, und wer wirklich liebt, ist ohne Mühe treu!

Neuhaus

Ich fuhr nach Breslau ins Lazarett. Neuhaus lag da mit einem Eisengestell, auf dem der durchschossene Arm aufgebahrt war. Ich dankte ihm für den Rat, den er Gerd gegeben hatte, mir das Stiefmütterchen zu senden. Ich hatte es mitgenommen, um ihm eine Freude zu machen. Die beiden Kameraden, die mit ihm im Zimmer lagen, musterten mich neugierig. «Grüße von Gerd», sagte Neuhaus – und damit war er plötzlich an eine Stelle gerückt, die ihn zum Stellvertreter machte – und ich mußte an die Mahnworte im Brief denken, denn stellvertretend Liebe zu verschenken, war ein Hinwenden an den Soldaten schlechthin, der für uns sein Leben einsetzte – so sahen wir den Krieger damals noch. So leicht, wie ich es mir gedacht hatte, war es nicht, denn aus der Fülle des Lebens wollte man den Todgeweihten abgeben – darin sah ich auch den Grund für die Untreue vieler Frauen im Krieg. Wenn sie auch die Ursache nicht kannten, so handelten sie wie in einem Zwang.

Die drei Krieger begannen zu erzählen – weitschweifig fielen sie einander ins Wort, ihre Gesichter glänzten vor Erregung, es war ihr ureigener Krieg, von dem sie erzählten, in den ich mit hineingenommen wurde durch ihre Worte. Bilder formten sich vor meinen Augen: Ich sah Hänschen Mossner, einen Nachbarssohn, im Sonnenblumenfeld der Ukraine sterben. Seine Eltern waren Juden, sie blieben verschont, weil der Sohn gefallen war. So hatte er sein Leben für das seiner Eltern gegeben. Ich sah den Obergefreiten Topf auf dem Gefechtsstand, wie eine Kugel seinen Stahlhelm durchbohrte, ohne ihn zu verwunden, ich sah die Eroberung von Moghilew und die Not der Frauen und Kinder. Ich sah Soldaten, die ihnen halfen, ich sah Juden beim Straßenbau in eroberten Gebieten, sah sie Faschinen legen in Rußlands Schlamm, bewacht von Soldaten. Ich sah, wie sie dann erschossen wurden – Heldentaten sah ich nicht.

Neuhaus verlebte seinen Genesungsurlaub in Buchenhain. So stark und unversehrt ich mich geglaubt hatte, so verließ mich die trügerische Kraft und machte einem Schutzbedürfnis Platz, das durch die lange entbehrte Gegenwart eines Mannes hervorgerufen wurde. Die Uniform mit der gelben Paspelierung, die auch im Heer eine Sonderstellung hatte, nahm den Männern etwas von ihrer eigenen Persönlichkeit, gab ihnen aber zugleich einen Nimbus, der sie erhob und der alles, was soeben noch Sorge, Angst, Bedrückung gewesen war, bedeutungslos machte. Ein jeder von ihnen war für mich der Erzengel mit dem Schwert, doch nicht so unantastbar wie dieser.

Neuhaus erzählte den Kindern Märchen und lag abends auf dem Wildschweinfell vor dem Kachelofen. Ich brachte ihm Tee mit Rum und hatte nun jemand zum Verwöhnen. Ja, es war eine Gefahr. Ich ging hinaus, holte den letzten Feldpostbrief, las ihn wieder und wieder. Er gab mir das innere Gleichgewicht und die Ruhe zurück.

Warschau

Wieder kam ein Regimentsstab ins Haus geschneit mit all seinem Troß und Zubehör. Diesmal war es Onkel Eberhard, Flugplatzkommandant in Warschau. Was er mit sich führte, erschreckte mich zutiefst und verwunderte mich zugleich. Ganze Lastautos waren mit Sekt und Kognak beladen, ja, die ganze Reise in die Heimat hatte eigens stattgefunden, all das zu holen, was in den Autos verstaut war.

Die Bilder von den Erzengeln mit dem Schwert verblaßten, Traurigkeit trat an ihre Stelle – innere Abwehr von dem Geschehen.

Onkel Eberhard wußte scheinbar alles. Und so erzählte er mir, daß Gerd zwei oder drei Tage in Warschau zu tun habe, aber nicht nach Hause fahren dürfe. Er nahm mich mit nach Warschau, ins sogenannte Generalgouvernement. Dahin konnte man nur mit Sondergenehmigung einreisen. Er verschaffte sie mir im Handumdrehen.

So trafen wir uns in Warschau. Das Wiedersehen machte uns blind für unsere Umgebung, für alles, was rundum geschah, wir lebten nur für den Augenblick. Doch als ich dann allein zurückblieb und auf das Wehrmachtsfahrzeug wartete, das mich gelegentlich einer neuen Hamsterfahrt zurückbringen sollte, wurde ich sehend: Polen schlichen am Rande der Fahrbahn hin, den Bürgersteig durften sie nicht betreten. Aus dem Ghetto reckten sich Knochenarme, Rettung erflehend, SS-Besatzungstruppen unterdrückten ein Volk. Andere Truppen versuchten zu helfen, gefährdeten sich selbst – überall Sperren, Kontrollen. Von der Weichselbrücke konnte man durch das klarblaue Wasser auf dem Grund des Flusses Stahlhelme und fortgeworfene Karabiner sehen – in einem Vorgarten war ein Kälbchen angepflockt.

Die Weichselbrücke war der mit dem Fahrer vereinbarte Treffpunkt. Aber das Fahrzeug kam nicht. In der zerstörten Stadt gab es keinen Hinweis, wie man zum Flugplatz gelangen könnte. Es nahte ein polnischer Junge mit einer kleinen Reisetasche. Seine Schwester trug ein Hündchen in beiden Armen. Ein Schuß war zu hören. Die Kinder zuckten zusammen – ein häufiges, immer neu erschreckendes Geräusch. Irgendwo wurden Polen zusammengetrieben und in eines der Lager abgeführt – es dunkelte schon. Unsicherheit und Furcht überfielen mich, denn ich hatte nur für zwei Tage eine Aufenthaltsgenehmigung. Sie war abgelaufen. Nun begann es zu regnen. Das Wasser rauschte von den Bäumen am Ufer. Sie verdeckten den Himmel. Man sah nichts. Ich ging den Kindern nach, sie verstanden mich nicht, hatten Angst vor mir, wie vor allen Deutschen.

Endlich tauchte ein Haus auf, spärliches Licht zeigte die Richtung an. Schweine grunzten, Hühner gackerten, Katzenaugen leuchteten grün im Dunkel. Hinter den Kindern wollte ich das Haus betreten, um Obdach bitten. Eine kleine alte Frau öffnete – tödliches Erschrecken spiegelte sich in ihrem Gesicht, die Tür wurde zugezogen, ich stand draußen in der zerstörten Stadt, fremd und verboten. Geduckte Gestalten huschten im Halbdunkel umher, suchten in den Trümmern nach Nahrung. Menschen, Hunde und Ratten. Dazwischen hörte man das rhythmische Geräusch hin und her wandernder Tritte, der Posten trug Nagelstiefel, die gaben ein klingendes Geräusch auf den nassen Kopfsteinen. Zu sehen war der Wächter nicht.

«Halt, wer da, stehenbleiben!»

Blitzschnell überstürzten sich meine Gedanken: In welches Lager würde man mich bringen? Würde ich jemals wieder zu meinen Kindern kommen? Meine Genehmigung war abgelaufen – und ich blieb stehen. Ich wußte, er würde schießen. Der Posten kam auf mich zu. Erleichtert sah ich: eine Wehrmachtsuniform, nicht die gefürchtete SS. Der sehr junge Soldat war naß. Er sah unglücklich und freundlich aus. Im Laufschritt begleitete er mich zu der auf der Brücke wartenden Kolonne, mit der ich heimfahren konnte.

In der dunklen sternenlosen Nacht war aus allen Richtungen ein wechselvolles Konzert von Schüssen zu hören. Allerorts wurden wahllos Menschen erschossen – ihre Vergehen existierten meist nur in der Phantasie der jeweils Mächtigen. Tausendfach starben sie, ohne vorher wirklich noch gelebt zu haben. Ihre Todeskämpfe erschreckten das Universum – und wir wagten noch zu atmen?

Jetzt hielt die Kolonne und ließ mich am Parktor heraus. Die Morgendämmerung kam herauf, ich sah ein kleines Zelt, vermummte Gestalten kauerten auf dem nassen Gras, zwei riesige Männer gingen, ihre Maschinenpistolen im Anschlag, naß und frierend um sie herum.

Die russischen Gefangenen

Ohne Ankündigung hatte man uns sechzehn russische Kriegsgefangene zur Arbeit gesandt, ohne zuvor eine Unterkunft auszumachen.

Ein Haus auf dem großen Hof hatte einen geräumigen, trockenen Keller, der mit einem Heizkörper und mit Fenstern zu ebener Erde ausgerüstet war. Die waren sogar vergittert, wie es die Gefangenenvorschrift verlangte. Als die beiden Wächter sie in den großen, warmen Raum führten, konnte man ihre Erleichterung spüren. Im Schein der matten Kellerlampe sah ich ihre Gesichter. Es waren ältere Männer mit erfahrenen Gesichtszügen. Vermutlich hatten sie Familien, die nichts von ihnen wußten. Ich weckte Selma, die die Küche regierte, und bat sie, Kaffee und warme Suppe in Mengen im Dämpfer zu kochen. Als ich wenig später die Russen holen wollte, klärten mich die Wächter darüber auf, daß mein Verhalten unerlaubt sei. Ich forderte die SS-Männer auf, die Suppe also für die Russen selbst herüberzuholen. Diese Zumutung entsetzte sie vollends; nachdem sie aber mehrere von Selma gebraute Eierliköre getrunken hatten, führten sie die Gefangenen doch ins Haus. Später bekamen diese Holz und Werkzeug, um sich Lagerstätten zu zimmern. Schwester Martha schaffte vom Roten Kreuz Strohsäcke und Decken herbei. Nun wurden sie nachts im Keller eingeschlossen, und ihre Bewacher wurden abgeholt. Fortan wurden sie nicht mehr eingeschlossen.

Das größte Problem war ihre Verwendung bei der Arbeit in Feld und Wald. Sie waren alle gesunde und kräftige Männer. Aber die Polen wollten nicht mit Russen zusammenarbeiten, und die Franzosen im Wald erst recht nicht. So kam es, daß keiner von ihnen bei uns arbeitete, sondern sie wurden auf die Höfe im Dorf verteilt, dort bekamen sie Arbeit und Verpflegung. Nachts kehrten sie auf unseren Hof zurück.

Ich bat den katholischen Pfarrer aus Neumittelwalde, sie zu besuchen. Er sprach ein wenig Russisch und erfuhr, daß sie alle aus dem gleichen Regiment stammten, daß sie in nahe beieinander liegenden Höfen am Don beheimatet waren und mit Ausnahme von zwei jüngeren Soldaten Frauen und Kinder hatten. Schwester Martha strebte eine Verständigung ihrer Familien durchs Rote Kreuz an, was aber zunächst wegen der ständig hin und her flutenden Kämpfe nicht gelang.

Bald hatten sie einen kleinen Chor zusammengestellt, und ihre Kosakenlieder waren abends weithin zu hören.

Bald war es ihnen auch gelungen, kleine rote Öllämpchen aufzutreiben, die sie in den Ecken ihres Raumes auf Brettchen anbrachten und vor denen sie knieten und beteten. Entzückt hörten die Kinder ihre Lieder. Auf dem Hof gab es ein altes Haus, das abgerissen werden sollte, das sogenannte «alte Schloß». Hans hatte darin verstaubte Heiligenbilder entdeckt. Damit lief er zu den Sängern. Die Freude war ihnen anzusehen. Wieder und wieder versuchten sie durch Gebärden, dem kleinen Hans ihre Dankbarkeit zu zeigen. Groß war die Freude über die Bilder, doch mehr noch beglückte sie wohl, daß ein Kind in der Fremde, in der Isoliertheit der Gefangenschaft ihre Gedanken erraten hatte.

Mein Vater kam in Konflikte. Die Franzosen, mit denen er sich in ihrer Muttersprache wie in der eigenen verständigen konnte, denen er französische Bücher zu lesen gab, fühlten sich in ihrer Position geschwächt oder waren eifersüchtig, als er auch für die Russen zu sorgen begann. Vom Pfarrer hatte er die «Toten Seelen» von Gogol in russischer Sprache aufgetrieben, und wirklich las es einer von ihnen – er war Lehrer in Rostow am Don – abends, auf der Pritsche sitzend, den aufmerksam Lauschenden vor.

Während in der Kesselschlacht von Smolensk 610000 Rotarmisten in deutsche Gefangenschaft gerieten und in endlosen Fußwanderungen zurück nach Smolensk strebten, während sie zu Hunderten vor Hunger und Durst starben und andere die Kadaver der Pferde bis auf die Knochen abnagten, waren «unsere» Russen wenigstens augenblicklich geborgen. Sie waren warm, satt und konnten eine nutzbringende Tätigkeit ausüben; ja, sie waren eine unentbehrliche Hilfe für das Dorf, für die Höfe, und das wußten sie auch. Aber es waren nur sechzehn, auf der anderen Seite waren die Leiden von Millionen. In den Schlachten von Charkow und um Borodino waren weitere 600000 Russen gefangen worden.

Ihre Schicksale – wer will es wagen, sich das Elend der Hungernden, im Schlamm zugrunde gehenden Menschen auch nur vorzustellen? Und unsere deutschen Soldaten siegten. Sie siegten mit ihrem Blut und mit ihren Leiden. Jede Schlacht entfachte von neuem ihren Lebenswillen, aber besiegen konnten sie Rußland nicht. Wie aus einem riesigen Zauberkasten kamen immer neue Armeen mit immer neuen Waffen aus Asiens Weiten hervor. Barbarisch und brutal war die Kriegsführung, alles vernichtend – doch die Soldaten, die auf Urlaub kamen oder in die Lazarette gebracht wurden, waren Menschen geblieben, Menschen mit Gefühlen und Empfindungen – wie war das möglich? Zuweilen kam der Lehrer aus Rostow zu mir herüber ins Haus. Dann hörten wir zusammen die Wehrmachtsberichte. Er, der Gefangene der feindlichen Macht, ich, die Frau eines deutschen Soldaten, der tief im Innern des Heimatlandes der Gefangenen gegen deren Landsleute kämpfte. Es war im November 1941. Als er, Pjotr, der Lehrer, von der Eroberung Charkows hörte, weinte er. Weinend ging er zu seinen Kameraden zurück in ihren Keller, um ihnen zu berichten, sie teilhaben zu lassen an seiner Trauer. Es war eine gute Begegnung zwischen ihm und mir und zwischen den anderen fünfzehn und den Menschen in unserem Dorf.

Sinnloser Krieg!

Und als Gerd Weihnachten sechs Tage zu Hause sein konnte, ging er, der aus all dem Elend und all der Vernichtung kam, zu ihnen am Weihnachtsabend in den Keller und gab jedem von ihnen die Hand und hatte für jeden von ihnen Tabak und Tee organisiert und sogar einen Samowar.

Und sie sahen in ihm nicht den Schuldigen! Je höher sich die gegenseitige menschliche Haltung über das Elend erhob, desto tiefer grub sich der Schmerz und das tränenlose Weinen in die Gemüter der Frauen. Gerade sie wußten, dem Ursprung der Schöpfung näher, um alle Tiefen des menschlichen Leidens und um unsere Machtlosigkeit, es zu verhindern, obschon es uns doch ohne jeden Sinn erschien.

In welch eine Welt würden die Kinder hineinwachsen?

In den kurzen Urlaubstagen saß der Vater meiner Kinder mit ihnen am Klavier und sang mit ihnen Weihnachtslieder und Kinderlieder. Das friedliche Bild in dem noch nicht heimgesuchten Dorf konnte die Ahnung nicht vertreiben, die düster und wissend hinter all dem Leben stand. Die Ahnung vom Ende einer Epoche, von einem schrecklichen Ende, hinter dem das Chaos stehen würde. Diese ständig gegenwärtige Ahnung ließ uns jeden Augenblick der Gegenwart dreifach erleben.

Heilig war uns die Menschlichkeit, sie war das einzige, was es möglich machte, diese Zeit zu erdulden. Etwas mußten wir haben, um die Augen vor dem Grauen zu verschließen: Es war die immer heller und größer wachsende Macht der Menschlichkeit. «Die Liebe ist langmütig und freundlich, sie siehet das Böse nicht an!»

Die Schafe und das Rotwild

Der Schäfer aus Rudelsdorf hatte uns zwei Lämmchen verkauft. Sie sollten die so notwendige Wolle liefern. Es waren Schwarzkopfschafe. Ihre unschuldigen, hilflosen Gesichter, die von struppiger, dichter Schwarzwolle umgeben waren, hatten etwas Rührendes, Herzbewegendes in ihrem ängstlichen Ausdruck. Die Kinder wandten ihnen ihre Liebe zu und hatten bald das Zutrauen von Tristan und Isolde gewonnen. Aber schneller als gedacht, wuchsen sie und wurden groß und schwer. Schafe sind nun einmal Herdentiere, und ohne einen Hirten erlaubten sich Tristan und Isolde bald die ausgefallensten Streiche. Aus jeder Weide brachen sie aus und strebten dem Wald zu. Dort ästen sie lieber Blaubeer- und Heidekraut als gutes Weidegras. Als ich sie an einem Herbstabend holen wollte, begleitete mich Hans mit seiner kleinen Flöte. Vor dem Wald waren auf dem Maisfeld die gemähten Maispflanzen zum Schutz vor Regen in kleinen pyramidenförmigen Gruppen aufgestellt. In dem dunstigen Abendlicht sahen sie aus wie ein Dorf aus Zelten. Zwischen diesen Zelten weideten, riesenhaft vergrößert, die Schafe, aber es waren nicht zwei, sondern vier Schatten, die wir in dem verschwommenen Licht wahrnahmen. Hans spielte auf seiner Flöte, um die Schafe zu locken. Mit einem Satz sprangen die beiden Schmaltiere, die sich zuvor freundlich zu den Schafen gesellt hatten, über eines der Maiszelte hinweg in den Wald. In diesem Augenblick brach eine Furcht über mich herein, Hans griff unwillkürlich meine Hand. Wildheit und Sanftheit der Tiere hatten eine Vision gezaubert vom verlorenen Paradies, das die Menschen, als Gottes Ebenbild gedacht, mit Willkür, Grausamkeit und Macht zerstörten. Während wir noch die Schafe an einer Leine festbanden, ergoß sich die Abendröte über den dunkelnden Himmel und beleuchtete geisterhaft den Waldrand. Ganz in unserer Nähe trat unbekümmert neues Rotwild heraus, äugte witternd umher und äste die ausgefallenen Maiskörner zwischen den Hocken. Das Leuchten der Abendröte ließ uns die Wassertropfen erkennen, die sie auf dem feuchten Feld von ihrem schwarzen Geäse leckten. Das Rotwild, das damals noch in ungezählter Menge den Wald bevölkerte, hatte einem Sternbild am Himmel den Namen gegeben. Seine Schnelligkeit war lautlos, seine Wildheit mit Sanftmut gepaart. Das Glück, an dem Wunder der Schöpfung teilzuhaben, und die Furcht, Mensch zu sein und an der Zerstörung mitschuldig zu werden, das alles schoß in einem Blitz unmittelbarer Erkenntnis vor mir auf. Das Kind neben mir spürte, was in mir vorging. Willig folgten uns die Schafe hinab ins Gehöft.

Petersilie und Soldaten

Je unerbittlicher der Krieg fortschritt, je unaufhörlicher er nie gekannte Opfer forderte, desto chronischer und sinnloser wurden die Befehle, die die Obrigkeit dem entsetzten, geduldig ausharrenden, stets noch auf Wunder hoffenden Volk erteilte.

So bekamen wir unter anderem die Auflage, viele Morgen Petersilie anzubauen, sie mit Messern abzuschneiden, in kleine Bündel von je zwölf Stengeln zu binden und sie auf im Bahnhof wartende Waggons zu verladen, die das Ganze möglichst frisch in die Markthalle nach Breslau bringen sollten. Unter den Spruch «Räder müssen rollen für den Sieg» schrieben später verwundete Soldaten, die uns zur «Petersilienernte» aus der Genesungskompanie in Oels zugeteilt wurden: «Petersilie muß man ernten für den Krieg.»

Diese fünfzehn Krieger hatten ihre Wunden davongetragen, trugen auf ihren schäbigen Feldblusen hohe Auszeichnungen und waren dadurch gefeit gegen den Zugriff der Gestapo. Sie konnten sich Sprüche wie diesen erlauben!

Was sollte ich aber mit diesen fünfzehn Soldaten anfangen? Wie sie ernähren? Wo sie unterbringen? Eines war klar: Die Petersilie hätten wir auch ohne die Soldaten, die ohnehin hinkten, Arme in Schlingen trugen, Hälse in starren, aufrechten Verbänden, Zehen erfroren hatten, ernten können. Aber die Kaserne in Oels konnte sie nicht mehr satt bekommen, und so wurde die Kompanie aufs Land verteilt zur «Erntehilfe».

Die meisten von den fünfzehn saßen am Rande des Petersilienfeldes im Gras und ließen ihre Wunden von der Sonne bescheinen. Nie wurde das Feld ganz abgeerntet, nie alle Waggons beladen. Auf die letzten schrieben die tapferen Krieger: «Petersilie ist Brot für die Heimat.»

Im getäfelten Eßzimmer hatten wir auf den eichenen Fußboden Stroh geschüttet. So schliefen die Soldaten weich. Der Unteroffizier Gonschorek war der Anführer der Gruppe. Sein Kopf war mit einem schmutziggrauen Verband vermummt, vom Gesicht schauten nur die Augen und die Nasenspitze hervor. Er schrieb mit Kreide von innen an die Eßzimmertür: «Ich ernte Petersilie, wär lieber bei Emilie!»

Damit gab er seiner verständlichen Sehnsucht Ausdruck. Friedel und Selma antworteten ihm mit dem von außen an die Tür gekreideten Spruch: «Emilie ist nicht hier, aber hier sind wir!»

Ihr Dasein bewiesen sie dadurch, daß sie den Soldaten die Ärmel der Feldblusen zunähten, die sie nachts auf dem Flur aufgehängt hatten. Der Streich war sehr willkommen, das Auftrennen nahm Zeit in Anspruch und zögerte die Ernte der Petersilie und damit den Aufenthalt in der Heimat hinaus.

Ich staunte, wie lange und fest die beiden überarbeiteten Mädchen in der Nacht an den Ärmeln genäht hatten!

Wenn die großen Fenster des Strohlager-Zimmers weit offen standen, vernahm man die Gespräche der Soldaten auf dem kleinen Hof. Eines Abends hörte ich, wie einer jammerte und stöhnte. «Was ist denn los, Müller?» hörte man eine andere Stimme. «Sei doch still! Jeden von uns schmerzen noch die Wunden...»

«Das ist es ja gar nicht, nein, das nicht, wofür bin ich zum Krüppel geworden? Alles, an das ich geglaubt hatte, ist kaputt, sinnlos – und jetzt?» Schweigen. «Woran soll der Mensch glauben in diesen wechselvollen Zeiten?»

Einen Augenblick lang war ich versucht, zu den jungen Männern hineinzugehen, mit ihnen zu sprechen – ich tat es nicht. Ich fühlte mein Unvermögen, ihnen mitzuteilen, was ich wußte: Woher kam die Kraft in mir, die wußte, was ich nicht wußte, die Ahnung dessen, was geschehen würde, und der Trost, daß in der Frucht des Bösen schon die Wurzel des Guten läge? Später erfuhr ich, daß echtes Glück aus erduldetem Unglück entstehen kann.

Räder

Der ältere Pole mit dem deutschen Namen Räder war eines Tages auf dem Hof erschienen, hatte mich mit einem drohenden, bezwingenden Blick angesehen und verlangt, in der Brennerei zu arbeiten, denn er sei auf dem Gebiet perfekt. Ich fürchtete mich vor ihm, vor etwas Unbekanntem, das in ihm lebte. Er hatte Macht über mich. Ich stellte ihn ein.

Am Abend ging ich hinüber zur Brennerei, um zu sehen, ob sein Zimmer mit allem Nötigen versorgt sei. Leichter Frost bedeckte die kleinen Pfützen mit einer dünnen Eisschicht. Jenseits des Hofes hatten sich verspätete Wildgänse zum Übernachten auf einer Wiese niedergelassen.

Der schwache Nordostwind trug ihr verhaltenes müdes Geplauder herüber. Dann verstummte alles. Einen Augenblick herrschte tiefe Stille, nur unterbrochen vom knarrenden Ruf der Nachtschwalbe. Dann erschallten aus der Brennerei menschliche Stimmen. Beim Näherkommen sah ich die roten Pünktchen der glimmenden Pfeifen. Räder hielt eine Versammlung ab, hatte alle Männer der polnischen Familien in die Brennerei gerufen. Ich trat ein, betretenes Schweigen, Verlegenheit. Ich war ratlos: Was taten sie da? Die ganze Versammlung war mir unheimlich. Die sonst offenen, freundlichen Gesichter waren verschlossen, mich fror. Ich blickte stumm von einem zum anderen. Ihre Mienen gaben keine Antwort. Ich verließ sie.

Vom finsteren Osten her war die Nacht heraufgezogen. Böig kam der Nachtwind. Gejagt trieb er den Schnee vor sich her. Dicht wie ein Schleier tanzten die Flocken, kleideten im Nu Bäume und Wiesen in ein weißes Gewand. Das Gurgeln des Baches wurde leiser, Frost machte sich an seinen Ufern breit.

Es war kurz vor der Geburt unseres Sohnes Eckhard, so war ich nicht so wachen Sinnes wie sonst.

Im Haus angekommen, eilte ich ins Kinderzimmer. Dort verblaßte das unheimliche Erlebnis. Die Furcht verließ mich. Die schlafenden Kinder waren das Leben selbst.

In dieser Nacht betete ich verzweifelt: «Und wenn tausend fallen zu Deiner Rechten und zehntausend zu Deiner Linken, so wird es doch Dich nicht treffen.» Wenn er nur käme, nur für einen einzigen Tag, er könnte der unheimlich gewordenen Atmosphäre auf dem Hof den Stachel nehmen.

Als ich aus unruhigem Schlaf erwachte, lag Rauhreif über allem, am wolkenlosen Himmelszelt stand eine kalte Wintersonne. Der Wanderfalke schwebte in der blauen Luft, sein Schatten glitt lautlos über den Schnee. Alles ringsum war durchsichtig und unbeweglich. Nur aus dem Pferdestall hin und wieder ein Aufstampfen der den Hafer mahlenden Mutterstuten auf den eichenen Bohlen.

Hinter mir aus den Kinderbetten gleichmäßiges ruhiges Atmen. Ich fühlte mich ein wenig schwindlig. Mir war, als stünde ich am Rande eines Abgrunds, in den ich jeden Augenblick stürzen könnte. Dies war Heimat, sie würde nicht bleiben – schon war der Wanderfalke fortgetrieben. Meine Seele war schwach vor Sehnsucht. Ich verbarg sie in der harten Schale einer tüchtigen Frau.

Durch die Kastanienallee ging ich hinüber zum großen Hof, um mit Ordon die Arbeit zu besprechen. Ich blickte auf die lautlos über die Straße fliegenden Krähen. Durch den schwarzen Schwarm hindurch erkannte ich, immer deutlicher werdend, die Umrisse eines Wehrmachtfahrzeuges. Der Kübelwagen stand dicht an der Hofmauer neben dem Eingangstor. Ich sah das gelbe Hufeisen mit dem springenden Pferd an seiner Rückseite. Die beiden jungen Panzersoldaten riefen: «Komm her, du junge Soldatenfrau, wir haben dir etwas mitgebracht!»

Schon war mein Gebet erhört, das Leben wirbelte wie ein rasender Wasserstrudel – geblendet und betäubt von den Geschehnissen, erlebte ich Glück, hundertfach intensiver, immer in der Angst, den flüchtigen Augenblick festzuhalten. Ja, gerade das Glück trägt am deutlichsten die Spuren der Vergänglichkeit in sich.

Als ich um die Hofmauer bog, sah ich meinen Mann, hager in der schwarzen Panzeruniform, fast unkörperlich, mitten auf dem Hof stehen und mit Räder sprechen.

Die Freude hatte mich gelähmt. Ich lehnte an der Mauer und beobachtete die beiden. Sie rauchten. Jetzt zeigten sie einander die Pfeifen, tauschten Tabak aus. In hohen Sätzen kam Rasch auf den

Hof gesprungen, umringte die beiden Männer. Sie grüßten sich jetzt, und Räder verschwand in der Brennerei.

Wir gingen zu den beiden Landsern und luden sie zum Frühstück ein. «Ich habe gebetet», sagte ich, «und nun seid ihr da.»

«Gott erhört selten Gebete, wir haben ein wenig lieber Gott gespielt, müde vom Alltag des Kampfes sehnten wir uns nach einem Märchen – so sind wir zu euch gekommen.»

Ich zögerte, doch dann stellte ich die unerbittliche Frage: «Wie lange?» Betretenes Schweigen.

«Komm», sagte Gerd, «ganze vier Stunden können wir zusammensein. Steht nicht irgendwo das Bibelwort: ‹Tausend Jahre sind vor Gott wie ein Tag.›? Für uns sollen vier Stunden wie tausend Jahre sein!»

Die Soldaten waren aus dem Wagen geklettert und hatten ihre Pistolen ergriffen. «Was soll das?» fragte Gerd. «Legt die Waffen weg, wir sind zu Hause.» – «Hier soll es Partisanen geben», meinte der Ältere. «Es gab sie», sagte Gerd, «es gibt sie nicht mehr.» Und ich dachte an Räder. «Seid ihr verheiratet?» wollte ich wissen. «Noch nicht.» – «Wollt ihr nicht eure Eltern zu Hause besuchen?» «Gibt's nicht mehr, verbombt!» – «So kommt herein und fühlt euch vier Stunden lang zu Hause – und kommt immer, wenn ihr Urlaub habt.»

In der Backstube nahm Selma soeben das letzte der zwölf runden Wochenbrote aus dem Ziegelbackofen und stellte es in einem Brotkorb auf den Sims. In der Küche dampfte heißer Gerstenkaffee in einer riesigen Emaillekanne. Selma freute sich über den Soldatenbesuch, schob ihnen frisches Brot und heißen Kaffee hin.

Da saßen nun die beiden Helden mit ihren Eisernen Kreuzen, mit ihren Verwundetenabzeichen und was sie sonst noch alles trugen. Sie hatten die Köpfe auf ihre Arme gelegt und weinten. Sie waren ganz und gar geschüttelt vom Weinen, ihre Rücken bebten vom Schluchzen. Selma stand stumm und andächtig an der messingnen Herdstange, wachte ehrfürchtig über das Weinen der Männer.

Wechselgesang

Jetzt trat Selma an den Tisch, brachte den selbstgebrauten Eierschnaps und sagte: «Kommt, singt uns etwas, so kommt ihr auf andere Gedanken, wir haben lange keine Männerstimmen mehr gehört!»

Und sie sangen: «In Woronesch um Mitternacht, da hat der letzte Schuß gekracht, die rote Front bricht uns entzwei – der Tod marschiert. Achtung, die Straße frei...»

«Wißt ihr nichts Besseres?»

«Es geht alles vorüber, es geht alles zurück, erst waren wir in Moskau, jetzt sind wir zum Glück schon viel weiter zurück...»

«Ist ja schrecklich», rief Selma, «singt doch mal so ein richtig schönes Soldatenlied.»

«Schööön?» sagten die beiden gedehnt. «Nun ja...

Finster ist die Nacht, nur ein Sternlein lacht, nur in seinem Erdloch der Soldat hält Wacht – denkt an seine Maid, an die Jugendzeit – denkt an seine Heimat, die so weit, so weit.»

Die Polin Valica Ordon nahte vom Hof her mit Kartoffeln für den Dämpfer. Sie stimmte das deutsche Soldatenlied des Zweiten Weltkriegs an: «Vor der Kaserne, vor dem großen Tor...» Ihr schöner Alt vereinte sich mit den hellen, jugendlichen Männerstimmen – sie sangen mit Inbrunst alle Strophen. Jean und Joseph, die beiden französischen Kriegsgefangenen, hörten den Gesang, sie hatten Wildfutter gefahren und Pferd und Wagen soeben zurückgebracht. Durch die Küchenfenster sahen sie uns alle.

«Auch etwas Französisches, bitte», riefen sie und traten ein mit dem Lied *«Sur le pont d'Avignon on y danse»*. Valica freute sich und sagte ernst und fast ein wenig fanatisch: «Und nun bitte etwas Polnisches.»

«Noch ist Polen nicht verloren, in uns wohnt sein Glück – was an Obhut ging verloren, bringt das Schwert zurück.»

Die deutschen Soldaten klopften zu der leidenschaftlichen Melodie den Takt auf der Tischplatte.

«*Mon Dieu*», sagten die Franzosen. «Warum Krieg?»

Gerd hielt mich ganz fest: «Komm!» Und wir gingen hinaus und weckten die Kinder.

Geburt

Ich ging zum Birkenwäldchen, wo die langen Rübenmieten sich am Wegrand dehnten, breit hingelagert. Strohwische zeigten die Luftlöcher an. Schwarzwild hatte die schützend warme Erddecke durchbrochen. Jetzt kam der Ostwind gejagt – ich kehrte um – ich spürte das Nahen der Geburt.

Schnee füllte den Hohlweg, alles war verweht. Ringsum weiße, vom Wind glattgefegte, nackte Felder. Die Welt lag wie tot. Hoch oben flog ein Rabe. Uralt, wie Geburt und Tod. Der Rabe flog vorbei. Der Wind trug sein stöhnendes Krachen weit, weit fort. Lange und traurig klang der Schrei über dem Tal. Aber unter dem Schnee lebte die Erde. Dort, wo das Ackerland in lebloser Stille schlief, klammerten sich zäh und gierig die Wurzeln des Wintergetreides an den Boden, nährten sich vom Blut der Erde, warteten auf den Frühling, um die diamantene Schneekruste zu durchbrechen. Dann würde der Weizen üppig grünen, der Wind würde die Ähren wiegen und die Sonne die Körner reif werden lassen, bis die Halme ihre volle Frucht willig hergäben.

Ich ging nicht gleich ins Haus. Der Wind, der jetzt wie Nadeln prickelte, jagte mich vor sich her, hin zum Gehöft der Frau Sobisch, der Hebamme. Sie saß auf dem Dreifuß und molk, sah mich kommen, wischte die Hände an der Schürze ab, holte Tasche, Kognakflasche, Kapuzenmantel – und kam mit. Zusammen eilten wir heim. Im Schneegestöber dehnten sich kahl und grenzenlos die Felder, wie oben der Himmel.

Es herrschte eisige Stille. Am nächsten Morgen lag der kleine Sohn neben mir. Das Schneetreiben hatte aufgehört. Eine kalte Wintersonne ließ Bäume und Sträucher lange Schatten werfen auf den goldglänzenden Schnee. Ich schaute durch die Fenster auf silbrige Wolken von Puderzucker, die die aus- und einfliegenden Vögel von den Ästen stäubten. Wie ein bewegter Schleier stieg der glitzernde Schneestaub vor den Fenstern auf und nieder.

Jetzt ein Schnauben und Prusten. Aus einer Schneewolke tauchte der zottige Kopf von Pastor Königs Panjepferd auf. Ruhe und Gelassenheit in schwierigen Situationen zeichneten dies unermüdliche Tier aus. Jetzt stand es, Zügel über den Hals geworfen, döste vor sich hin, wartete auf seinen Herrn, der schon ins Haus gegangen war, mich zu beglückwünschen.

«Nimm das Geschenk dieses neuen Kindes wie eine Leihgabe, Söhne gehören uns nicht», sagte er zu mir. «Sie werden wieder von uns genommen. Mütter müssen ständig bereit sein, sie wieder herzugeben.»

«Die Worte höre ich, doch den Sinn nehme ich nicht an. Warum soll ich meine Söhne hergeben, ist es nicht genug, den Mann fortgehen zu lassen? So lange wird der Krieg doch nicht dauern?»

«Man kann nur besitzen», sagte Pastor König, «was man loszulassen bereit ist, was man nicht festhalten will.»

Erst viel, viel später begriff ich die Wahrheit in diesen Worten.

Saure Gurken und das Unternehmen Zitadelle

Im Frühjahr 1943 kam der Befehl zum Gurkenanbau. Südfrüchte und andere Vitamine konnten nicht mehr eingeführt werden. Gurken bedeuteten Ersatz.

«Jeder pflichtbewußte deutsche Bauer hat Gurken anzubauen», hieß es, viele Morgen Gurken.

Das Feld gleich hinter dem Park war zum Gurkenfeld geworden. Die blaue Wiege mit Klein Eckhard darin stand am Rande des Feldes, auf dem ich mit den Schulkindern, die schon lange keine richtige Schule mehr kannten, Unkraut zupfte zwischen spirreligen, verzweigten Gurkenranken. Ich träumte von Gurken: Gurkensalat, Gewürzgurken, Senfgurken, saure Gurken, Salzgurken, und beim Erwachen fiel mein Blick auf das Feld, auf dem die langen grünen Gurken wie dicke Riesenraupen sich schlängelten, und sie wuchsen und wuchsen. Als aber die Ernte nahte und die Gurken in Waggons verladen und wie die Petersilie in die Markthalle nach Breslau geschafft werden sollten, da zeigte sich, daß es keine Waggons gab. Alle verfügbaren Eisenbahnwagen, die die törichte Aufschrift trugen «Räder müssen rollen für den Sieg», rollten mit einem traurigen Inhalt nach Westen in die vermeintlich sicheren Heimatlazarette. Es waren die Verwundeten aus dem Unternehmen Zitadelle.

Die nur leicht Verletzten unter ihnen hatten schaurige Totenköpfe unter die Siegesaufschrift gemalt.

Tag und Nacht dröhnte das Rollen der Züge von der Bahnhofshöhe zum Hof herunter. Ab und an ging ich zum Bahnhof, nahm die älteren Schulkinder mit, um zu sehen, ob einer der Züge hielt und ob man dort helfen könnte. Einmal hielt einer dieser Transportzüge. Der Lokomotivführer, der einen Malariaanfall gehabt hatte und trotzdem gefahren war, es wäre sonst der Zug in die Hände der Russen gefallen, bekam Fieber, und man wartete auf Ersatz.

An die 30 Männer lagen auf Strohschütten in jedem Waggon. Ein unbeschreiblicher Gestank hing in der Luft. Der Wundbrand verzehrte die Verletzten. Auf ihren gelben, geschwollenen Gesichtern saßen Scharen von Fliegen, auf ihren zerfetzten Uniformen war das Blut geronnen. Der Steppenstaub hatte alle mit einer grauen Todesfarbe überzogen, so daß man nicht wußte, wer die Deutschen und wer die Russen waren. Das große Erschrecken hatte sie einander gleich gemacht. Sie starben an ihren Wunden, vor Hunger, vor Durst, am Wundbrand. Zwei Militärärzte baten um Wasser, um Lebensmittel, um Verbände, um Medikamente. Es gab nur Wasser.

Zwei Tote wurden ausgeladen, auf die Rampe gelegt. Die menschlichen Überreste mögen wir begraben, baten die Ärzte.

Der Zug setzte sich in Bewegung. Das Schreien und Stöhnen der verwundeten Männer war lauter als das Geräusch der Räder auf den Schienen.

Das Unternehmen Zitadelle war die letzte größere deutsche Offensive. Sie sollte den in die deutsche Frontlinie hineinragenden Bogen von Kursk einkreisen und die hier versammelten starken russischen Verbände vernichten. Der Gegner war durch Spione von allen Einzelheiten des Unternehmens unterrichtet und griff seinerseits an. Der deutsche Angriff blieb stecken. Der Gegner begann eine Offensive im Bogen von Orel. Das Unternehmen Zitadelle mußte nach schweren Verlusten abgebrochen werden.

Die Waggons mit den Verwundeten waren das Ergebnis dieses letzten offensiven Feldzuges. Und ich hatte von der Steppe geträumt! Hatte im Schlaf die Soldaten zwischen Blumen und Gräsern in der Steppe liegen sehen – am Ufer eines Flusses, den Bekassinen lauschend und eine Kriegspause erlebend –, was ich am Bahnhof sah, war kein Traum. Für die Überlebenden der Schlacht gab es kurzen Urlaub und hohe Auszeichnungen.

In Breslau empfing ich Gerd und zwei seiner Kameraden am Bahnhof. Lange stand ich an der Sperre und wartete auf den Augenblick, wo ich ihn in der langen Kette der grauen und schwarzen Soldaten erkennen würde, aber er war nicht der gleiche, der vor einem halben Jahr fortgegangen war: hager, grau und bärtig, seine Augen waren auf die Erde gerichtet. So erkannten wir uns erst, als er schon durch die Sperre gegangen war und mich suchte. Die beiden Kameraden waren aus der Nähe von Oels, wohin es, ebenso wie nach Buchenhain, am Abend keinen Zug mehr gab. Zu viert gingen wir ins nahe *Hotel Monopol*. Es gab nur noch ein Zimmer.

Als die Freunde in der Hotelhalle ihre Mäntel auszogen, wurden ihre Auszeichnungen sichtbar. Die wenigen Zivilisten, die hier gesessen hatten, standen auf, um ihnen ihre Achtung zu erweisen.

«Sie irren sich», sagte F., «wir haben keine Heldentaten vollbracht, wir waren nicht einmal tapfer, wir haben nur – rein zufällig – überlebt. Rings um uns fielen unsere Freunde, und allerorts färbte sich die trockene Erde mit ihrem Blut. Wir wurden diesmal noch ausgespart – so war es, wir sind keine Helden.»

Betroffenheit und Erstaunen zeichnete die Gesichter der Fremden. Sie hatten vom wirklichen Krieg nichts gewußt, kaum geahnt.

«Und doch», sagte ein alter Professor, «sind wir Ihnen Dank schuldig. Ja, das sind wir, man sieht Ihnen an, daß Sie gelitten haben. Das taten Sie für uns – danke.»

Wir wurden die Treppe hinauf in das Zimmer geführt. So, wie sie waren, fielen die Männer auf die beiden Betten, um im Bewußtsein der Gefahrlosigkeit sofort in einen Erschöpfungsschlaf zu versinken. Ich setzte mich auf das breite Fensterbrett, den Rücken an die Mauer gelehnt, die Füße gegen die andere Wand gestemmt. So ließ es sich ganz gut ausruhen. Im Halbschlaf hörte ich, wie F. ab und an aufschreckte und hochfuhr, ohne daß ihm sein Erschrekken, sein Traum, bewußt wurde.

Ich fröstelte, als der Morgen rötlichgrau durch die schmutzigen Scheiben schimmerte. Ich hängte mir Gerds Mantel um die Schultern. Ohne Neugier, ohne zu suchen, rein mechanisch, fuhren meine Hände in die Taschen. Ich fühlte eine Pfeife, holte Blätter eines frischen, grünen Tabaks heraus, Teile einer Sonnenblumenmitte, weich noch, wie kleine Kissen, in denen noch die weißen Kerne reiften – an der Blume hingen harte, dünne Gräser und Samenschiffchen von Blumen. In der anderen Tasche steckte ein Feldpostbrief von mir, vielfach gefältelt, vielfach zerlesen – auch am Umschlag hafteten Gräser und Blumenblätter. Ich hatte nicht gewußt, welche Bedeutung ein Brief erlangen könnte.

Fliegeralarm. Der Zug blieb im Bahnhof von Breslau-Hundsfeld stehen. Ein unscheinbarer alter Mann in der Uniform der Pioniere saß am Fenster und starrte auf die vorüberbrausenden Geschwader.

«Es gibt kein Entrinnen, wir alle werden zurückgehen und erwarten, was uns bestimmt ist, hier wie dort. Was ist das: leben?»

In Peuke stieg F. aus. Am Bahnhof standen seine Eltern, seine Frau und sein kleiner Sohn. «Pappi, Pappi», rief der kleine Christian und rannte auf seinen Vater zu. Der hob ihn auf seine Schultern. Es war sein letzter Urlaub. Er hatte in der Nacht im Hotel seinen Tod geträumt. Im Juli 1943 ist er bei Brjansk gefallen.

Ein Tag daheim

Es war das erste Mal, daß ich zu Hause mit dem Zug ankam. Früher waren wir in unserem alten Kübelwagen gefahren, als die Wehrmacht ihn abholte, mit dem Motorrad, und als es auch dafür kein Benzin mehr gab, mußte der Einspänner alles besorgen. Bezugsscheine für Gummistiefel, die die Landarbeiter brauchten, Bodenproben zur Untersuchung nach Oels bringen, Abstriche von Kühen zum Tierzuchtamt, tote Hasen zum Tiergesundheitsamt – vielleicht waren sie das Opfer einer Seuche? –, kurz, ein oder zwei Pferde bewegten sich ständig auf der Landstraße. Es war ein seltsames Gefühl, mit dem Zug, in dem auch noch andere Menschen reisten, auf dem Heimatbahnhof einzutreffen.

An der Hofeinfahrt begegneten wir Gesine und Barbara, die Eimer, Seife und Handtuch trugen – ein Zeichen, daß der Tierarzt da war. Gerd ging mit seinen Kindern auf den Hof, die Verantwortung war von mir gewichen. Ich fühlte mich befreit und ging ins Haus, konnte wie andere Hausfrauen die Kinder begrüßen und ein Essen vorbereiten – war nicht mehr die «Chefin» eines großen Betriebes, für wenige Tage nur eine ganz gewöhnliche Frau.

Ich sah meinen Mann mit den Kindern auf dem Hof stehen, jetzt noch im grauen Gewand des Krieges – Sinnbild für den Soldaten schlechthin, für den Menschen, der geopfert wird, der im Bewußtsein, selbst Opfer zu sein, sich doch den Notwendigkeiten des Alltags zuwendet und sie mit jener «Treue im Kleinen» erfüllt, die uns hilft zu leben.

Wenn er die Uniform ablegte, schien er den Krieg zu vergessen, den Menschen wieder näher zugewandt – der Erde. Auch für mich verblaßten dann die Bilder, die ich gesehen hatte. Es war schon lange dunkel, als Gerd mit den beiden «Großen» von seinem Rundgang ins Haus kam.

«Heute wollen wir im Saal essen – wir wollen tun, als wäre Frieden.»

Ich holte ein großes, mit Jagdmotiven geschmücktes Tischtuch und breitete es über den runden Mahagonitisch, das Feuer im offenen Kachelofen tanzte in roten und blauen Flammen, die Wände des Hauses knackten und flüsterten unermüdlich. Das Kerzenlicht verbarg den Staub und die Spinnweben, und durch die Fenster sahen wir die Sterne schimmern. Hans stocherte im Feuer und half ihm mit Pusten, Sibylle saß auf dem Fell und starrte in die Flammen. Klein Eckhard träumte noch in seiner blauen Wiege. In diesem Augenblick hatten wir das Gefühl, heimgekommen zu sein, und niemand dachte mehr an das Wieder-Fortmüssen.

Und dann begann das Telefon zu läuten. Kameraden, die ebenfalls heimgekommen waren, im nachbarschaftlichen Umkreis von etwa 100 Kilometern lebten, riefen an. Sie wollten Jagden veranstalten, Treffen vereinbaren – für eine kleine Weile tun, als sei Frieden. Es waren alles Freunde, die ihr Leben mit Land- oder Forstwirtschaft verbrachten. Sie alle waren immer in Eile, das waren sie schon früher im Frieden gewesen. Wenn einer von ihnen uns besuchte und brachte ein wenig Ruhe mit, so erschien er mir als besonders männlich.

Die Pferde waren ein ausgezeichnetes Mittel gegen das Nachdenken. Wollte man Gespräche über Krieg, Zukunft, Unsicherheit der gesamten Grenzlandlage vermeiden, so sprach man über Pferde. Auch das unerschöpfliche Thema Jagd diente der Vertreibung derjenigen Gedanken, die niemand denken wollte.

Aus den geplanten Treffen wurde nichts. Die Kinder schliefen schon, da klingelte erneut das Telefon. Frau von L. verlangte Gerd – er nahm den Hörer: «Ich komme sofort.» Er legte auf, sah mich an. «Auch er ist tot», sagte er, «ich muß sofort zu ihr, sie ist nicht wie du, sie ist ganz hilflos mit ihren riesigen Ländereien und den Menschen, den Fremden, die dort arbeiten.»

Einen Augenblick sah ich ihn betroffen an, doch dann half ich ihm, etwas für die Nacht zu packen.

«Wenn ich dran bin, werden auch meine Kameraden zu dir kommen», sagte er, «so haben wir's vereinbart.»

«Wer wird dann noch leben?» dachte ich, aber sagte es nicht. Der letzte Zug nach Breslau fuhr um halb elf, von da würde er schon irgendwie Anschluß finden.

Aus dem Stall hörten wir das Wiehern von Quinte. Rasch und

Räuber heulten in ihrem Zwinger, es klang wie ein ganzes Rudel Wölfe.

Ich beobachtete meinen Mann, wie er sich von Quinte verabschiedete. Ich hatte den Eindruck, daß ein geheimnisvolles, fast unheimliches Verständnis zwischen beiden herrschte – eine Faszination, die Mensch und Tier durch einen geheimnisvollen siebenten Sinn miteinander verbindet. Quinte war sein Kriegspferd im ersten Rußlandfeldzug gewesen.

Ohne Gerd schien das große Haus düster und unheimlich. Dieser eine Tag hatte es so sehr mit Leben erfüllt, mit einem Leben, wie es sein könnte, wenn Frieden wäre. In dieser Nacht fürchtete ich mich zum erstenmal vor dem Unbekannten, das auf uns zukam.

Wildungen

Ein neuer Tag, eine neue Kunde: Herr von H. aus Groß-Schönwald rief an: Die Stute seines Sohnes stehe im Stall, und niemand kümmere sich um sie. Er und seine Frau seien alt, der Sohn habe das Gut bewirtschaftet und diese eine Stute besessen. Er sei nun schon drei Monate vermißt, ob ich das Pferd zu mir nehmen wolle – und behalten, falls er nicht wiederkäme.

Als ich die vierzehn Meilen auf den sandigen Waldwegen nach Groß-Schönwald ritt, erfüllte mich eine geringe Befriedigung: Auch ich durfte etwas tun für einen der Unsrigen.

Als ich das einsame Gehöft inmitten eines Lärchenhains erreichte, läutete die Mittagsglocke vom Dach des Torhäuschens, aber kein lebendiges Treiben antwortete dem Geläut. Die leitende Hand fehlte, die beiden alten Leute hatten ihre Ländereien verpachtet und gingen in ihren Lodenjoppen, mit antiken Filzhüten bekleidet, wartend auf und ab, ein alter Schweißhund folgte ihnen mit gesenktem Kopf im gleichen Schritt.

Die langen, leeren Stallgebäude waren verschlossen. Es fehlten die Schwalbennester – ohne Kühe fanden sie dort keine Nahrung. Nur in dem einstigen Kutschpferdestall stand teilnahmslos und gelangweilt die Vollblutstute Wildungen. Als ich mein Pferd neben sie band, um den Besitzern ins Haus zu folgen, kam Leben in die Stute. Ihre Augen schauten wach, die Muskeln am Hals steiften sich, die Muskelfalten wurden sichtbar, aber die feinen Beine waren vom langen Stehen geschwollen.

Ich legte Wildungen Sattel und Trense auf und ließ die weiße Stute Sibylle, gewohnt Leitstute zu sein, reiterlos vor uns hertraben, die Richtung weisend, die zu ihrem Stall führte. Dann und wann verschwand sie witternd im Gehölz, rechts und links des Weges, um in dem nun schon dämmerigen Nachmittagslicht fast schemenhaft wieder aufzutauchen. Wir passierten einen riesigen Kahlschlag, gesäumt von Dämmen, die zu ehemaligen, jetzt verschilften Fischteichen führten. Sibylle erschrak vor einem Reiherpaar, das lautlos aus dem Horst einer toten, knorrigen Eiche aufflog, um sich sofort wieder mit gefalteten Flügeln niederzulassen. Wildungen, noch steif und nicht ganz wach, blieb teilnahmslos. Der Heideboden war hier mit Moos bewachsen und federte weich. In der Ferne stand Dunst vor dem dunkelrötlich verglühenden Himmel, an dem die Sonne soeben untergegangen war. Der Nachtwind sprang uns an. Jetzt wurden die Pferde schneller. Eine Bache mit ihren Frischlingen passierte den Weg, der nun wieder ins dichte Fichtenholz führte. Ich erkannte nur noch undeutlich die weißen Streifen der Frischlinge. Die Nacht brach herein. Unbeirrt fand Sibylle, immer vor uns herziehend, den Weg.

Der Kradfahrer

Am folgenden frühen Morgen kam ein Kradmeldefahrer mit knatterndem Motor vors Haus gebraust und wirbelte den Kies auf. Er brachte ein Schreiben von der Ersatzabteilung. Gerds Einheit sei von einem Frontabschnitt zu einem anderen verlagert worden – es habe neue Verluste gegeben, er möge sofort mit dem Transport, der am gleichen Tage um 12 Uhr aus Breslau ginge, zurückkehren. Der Kradfahrer hatte mich angewiesen, stellvertretend das Schreiben zu öffnen. Ich rief bei L. an: Gerd sei soeben abgefahren, sein Zug träfe gegen 11 Uhr in Breslau ein.

Ich packte Uniform und Zubehör in einen großen Rucksack, steckte in die Außentasche einen winzig kleinen Teddybären von Hans als Talisman. Der Soldat stärkte sich inzwischen bei Selma in der Küche, die vor Kummer, daß er nicht länger blieb, die Milch überkochen und das Brot im Backofen schwarz werden ließ. Ein rascher Kuß war nur ein schwacher Trost, aber dennoch – Soldatenküsse waren in dieser Zeit sehr gefragt –, und er brauste davon, um am Hauptbahnhof den Gesuchten abzufangen und in Marsch zu setzen. Seltsam und fast unerklärlich, daß mich die Tatsache, daß mein Mann so notwendig gebraucht wurde, mit Stolz erfüllte. Es war dies ein sträfliches Gefühl im Krieg und mit unserer Anschauung nicht zu vereinbaren, aber es war nun einmal da!

Als der Kradfahrer davongebraust war, ging ich in den Saal, um aufzuräumen. Durch die offenen Fenster sah ich, daß die Welt draußen frisch und strahlend war, Holztauben gurrten, Pirole riefen wichtigtuerisch und fordernd. In einer der Fichten saß ein Falke und zeichnete sich scharf gegen den lichtweiß bewölkten Himmel ab. Auf der Fensterbank stand eine offene Schachtel mit Kognakbohnen, von ihr führten klebrige Schokoladespuren bis zum Biedermeiersofa. Darauf lag – fest schlafend und leise schnarchend – ein Eichhörnchen. Hans und Sibylle kamen Hand in Hand hereinspaziert. «Tot», sagte Sibylle und zeigte auf die langen Nagezähne, die das Tierchen im Schlaf bleckte. Hans hatte sofort die Situation erfaßt: «Der ist nicht tot», sagte er, «er schläft bloß, so was kommt vom Schnaps!»

Schon am Mittag turnte das Eichhörnchen wieder munter in den Fichten herum.

Erntedank und Schützenfest

Im Jahre 1943 gab es Monate, in denen alles noch ganz normal zuging.

Die eisenbeschlagenen Räder der Holzfuhrwerke rumpelten auf der geschotterten Chaussee, und es duftete appetitlich und würzig nach den frisch geschlagenen Fichten, deren Stämme auf die Rampe gelegt wurden. Ende Oktober war die Ernte eingebracht; dann war die Zeit des Schweineschlachtens gekommen. Der Gastwirt Hugo Fimkel zog von Hof zu Hof und würzte Würste, kannte hundert Sorten des Räucherns, des Pökelns und bekam überall die ortsüblichen «Klaren». Hugo war nach einer Verwundung nicht mehr kriegstauglich und half nun überall. Wenn der von Wegersdorf her wehende Westwind die Bäume entkleidet und einen Wirbel von gelben Blättern über die Felder gefegt hatte, wenn das Rascheln der trockenen Maisstengel noch in dem verebbenden Wind nachtönte, dann war die Zeit gekommen, das Erntedankfest zu feiern.

Unter den entblätterten Linden neben der kleinen weißen Kirche trafen sich alle, die danken wollten, daß sie noch einmal in der Heimat ihre Kammern und Speicher hatten füllen können. Die vertrauten Gesichter der Männer fehlten – die Frauen und Kinder trugen reichliche Gaben aus den Früchten ihrer Äcker zur Kirche. Alle hatten das Gesangbuch in Händen und sangen inbrünstig mit geradeaus gerichteten Blicken:

«Wir pflügen und wir streuen den Samen auf das Land, doch Wachstum und Gedeihen steht in des Höchsten Hand.»

Am äußersten Rande der Gemeinde erblickte ich den Ukrainer Fedko, wie er eine kleine, sorgfältig geflochtene Erntekrone in Händen hielt, die für den Altar bestimmt war. Fedko war griechisch-katholisch, aber an diesem Tage war der Kirchplatz der Treffpunkt aller Konfessionen. Von weitem sah ich Jean und Joseph langsam und bedächtig nahen. Sie trugen jeder einen schweren Kranz aus Fichtenzapfen – sie, die zu Waldarbeitern verwandelten Taxichauffeure aus Paris!

Der Pfarrer war immer noch nicht da. Aber man war an das Zuspätkommen gewöhnt, und man freute sich: Das Fest währte noch länger. Entweder war sein Pferd noch jung und stand nicht, so daß er mit all den frommen Utensilien unter dem Arm im Fahren abspringen mußte, oder der Wagen war defekt und hatte einen der eisernen Radreifen halb verloren, oder er war in einem der anderen Dörfer aufgehalten worden, um schnell im Vorbeifahren ein Kind zu taufen – die kirchliche Handlung selbst dauerte schließlich nicht lange. Bald schon stieg Schwester Martha auf den Stuhl und blies die Altarkerze aus. Dann eilten alle nach Haus, um das Vieh zu füttern. Aber an diesem Tag ging niemand heim. Am Erntedanktag feierte der Kriegerverein das Schützenfest. Vier Jahre hatte es nicht stattfinden können, aber nun, im Jahre 1943, waren doch einige Männer aus Rußland oder Frankreich zurückgekehrt.

Diese alten und jungen Soldaten hatten sich in ihren grauen oder schwarzen, abgetragenen Uniformen in Richtung Schießplatz in Bewegung gesetzt. Man sollte meinen, sie, die als halbe oder ganze Krüppel heimgekehrt waren, hätten vom Schießen genug gehabt, aber einmal im Jahr wollten sie sich ihrer Heldentaten erinnern, sie konnten die Sache nicht verleugnen, für die sie so vieles geopfert hatten, noch klammerten sie sich an das, was sie verraten hatte.

Unternehmen Barthold

Das erste Unglück, das uns direkt und ganz persönlich betraf, kam im Sommer 1944 in Gestalt des Unternehmen Barthold auf uns zu. Gerd verlebte einen Genesungsurlaub zu Hause und kam mit dem Milchprüfer vom Hof, als zugleich mit ihm und dem Prüfer sechs Limousinen mit Standarten der Hitlerjugend in das Parktor einbogen und vor der Auffahrt hielten.

Etwa ein Dutzend junger, gesunder Männer in hellbraunen Uniformen aus makellosem Stoff entstiegen den Autos, und ohne uns zu begrüßen oder auch nur ihr Kommen zu erklären, schwärmten sie aus, als verfolgten sie einen Verbrecher, sahen sich jeden Winkel in Haus, Hof, Stallungen, Dorf, Kirche und Schule an. Nach ihrem Anliegen befragt, taten sie erstaunt, daß wir nicht wüßten, daß hier der Ostwall gebaut werden solle, denn es sollte keinem Russen gelingen, jemals wieder deutschen Boden zu betreten. Das zu verhindern, seien sie nun hier, die Helden des Ostwalls, dem Bollwerk gegen den Sturm aus Asien.

Als ich sah, wohin sie ihre roten Vermessungsstäbe steckten, wurde ich von finsterem Groll übermannt. Die reifende Gerste, der blühende Flachs, den der Wind zu sanften Wellen wie einen bewegten See anrührte, die nahrhafte Luzerne – was sollte aus all den Menschen und Tieren werden, die von diesen Äckern lebten?

Gerd war immer noch voller Hoffnung, Hoffnung lebt von Glauben, Hoffnung macht tätig und schöpferisch. Wie könnte man auch einen Sinn in allem Tun an dem großen Land finden, wenn die Hoffnung nicht wäre?

«Vielleicht hilft der Bau dieses Walles wirklich, das Allerschlimmste zu verhindern? Er ist gewiß nur eine Vorsorge», sagte er tröstend zu mir. Aber ich ahnte in diesem Augenblick, daß alles verloren war. Wie konnten junge Männer, die ohne jede Rücksicht auftraten, Schlimmes verhindern? Das Fehlen menschlicher Rücksichtnahme ist tödlich.

Nun war im Frühsommer 1944, zu der Zeit, als die HJ-Führer uns erstmalig heimsuchten, bereits die ganze Südukraine in russischer Hand. Der Vormarsch der Sowjets erreichte Galizien und die Tschechoslowakei. Die Heeresgruppe Mitte ging bereits bis an den Rand der Pripjetsümpfe zurück. Sewastopol wurde schon im Mai geräumt, und vierfache russische Übermacht stand unseren Soldaten entgegen. Dazu die zahllosen Partisanen im Hinterland, die Rückzugswege abschnitten, Kampfmaterial vernichteten. Nein, meine Hoffnung hielt nicht stand. Ich lag schlaflos und sann in den Nächten, wie ich einen Weg finden könnte, die Kinder zu retten.

Die zwölf HJ-Führer quartierten sich mit größter Selbstverständlichkeit im Hause ein, wie und wo es ihnen beliebte. Es blieben uns nur das große getäfelte Eßzimmer und der kleine Raum dahinter. Dorthin brachten wir die Kinder, dort schliefen, aßen, lebten, arbeiteten wir, umgeben vom Lärm der einander zackige Befehle zurufenden jungen Männer. Als Gerd wieder fortmußte, blieb ich mit den Männern allein. Es waren zwei Lehrer unter ihnen, jeder hatte einen Schatten bei sich in Gestalt eines vierzehnjährigen Knaben, der nicht von der Seite seines Lehrers wich. Die Jungen hatten Notizbücher, in die sie häufig etwas hineinschrieben.

«Was ist denn eure Aufgabe hier?» fragte ich.

«Wir passen auf unsere Lehrer auf, ob sie ihre Arbeit linientreu im nationalsozialistischen Sinne verrichten. Jede negative Einstellung, jedes Zaghaftwerden oder Nicht-mehr-an-den-Sieg-Glauben sollen wir melden.»

Sie waren also zwei vierzehnjährige zu Spitzeln erzogene Kinder, die sich später als die übelsten Denunzianten ihrer weniger privilegierten, panzergrabenbauenden Kameraden erweisen sollten.

An einem frühen Sommermorgen ging ich zum Feuerlöschteich, um nach den Fischfutterbänken zu sehen, die dort aufgestellt waren. Über den glitzernden Tauperlen, die auf den Gräsern am Teichrand lagen, tanzten die ersten Libellen, durchsichtig schwebten sie in der schon warmen, flimmernden Luft. Die Gänse, die am Rande des Dorfteiches ruderten, hörten hoch in den Lüften den Schrei ihrer ziehenden Verwandten. In die Morgenfrühe drangen unbekannte Laute – Rumpeln, Rufen, Kreischen – von der Kirche her. Die Kirchenbänke wurden ins Freie getragen, vielmehr ins Freie geworfen, willkürlich, wie sie fielen, wurden sie liegengelassen.

«Hier sollen 200 von den 3000 Hitlerjungen einquartiert werden, die morgen zum Grabenbau eintreffen sollen.»

Ich kehrte um. Im großen Hof flogen ungedroschene Garben aus der Scheune heraus.

«Mehr Luft wird gebraucht, in der massiven Scheune können 400 Jungen Platz finden.»

Im Haus war man soeben dabei, die Räucherkammer zu leeren. Man brauche die Kammer als Strafraum, ohne einige Delikte würde es ja wohl bei 3000 Jungen nicht abgehen!

Und dann kam die braune Flut vom Bahnhofshügel herab. Sonderzüge aus Hoyerswerda hatten die Jungen gebracht, sie marschierten mit Fahnen und Standarten. Spaten zum Grabenbau hatten sie nicht. Hilflos und führerlos verteilten sie sich im Dorf, in Scheunen und Stallungen, und hofften auf Schlafquartier, Nahrung und Anweisungen. Es sollte drei Tage dauern, bis die Gulaschkanonen ankamen, und eine Woche, bis die Spaten ausgeteilt wurden. Die zwölf «Führer», die in unserem Haus wohnten, versuchten, Gruppen zu bilden, einen Überblick zu gewinnen. Sie brachten einen Stab von Unterführern mit, die wiederum hatten Jungen, die Befehle empfingen und als Boten tätig wurden. Alle diese waren in unserem Hause untergebracht. Als die Gulaschkanonen eintrafen, kamen LKWs mit BDM-Mädchen, die kochen sollten. Sie schliefen auf Stroh mit den Jungen in Kirche, Scheune, Schule. Bald hatten sie Läuse und Krätze, und die am Teich aufgestellte Lazarettbaracke füllte sich.

Erstmalig kamen auch Flieger, die die entstehenden Panzergräben und die Baracken beschossen. Unsere Kinder hüteten Kühe auf dem abgeernteten Rübenfeld. Sie flohen oft in den nahen Wald.

Die Gräben sollten 8 Meter tief und 40 Meter breit werden. Bald gruben die Jungen im Grundwasser. Brücken wurden über die Gräben nicht gebaut. Entlang der gesamten Ostgrenze gruben geschäftig Zehntausende von Jugendlichen. Die Felder jenseits der Gräben konnten nicht mehr abgeerntet werden. In Groß-Wartenberg war es die polnische Intelligenz, die man zum Grabenbau befohlen hatte. Die Gesichter dieser Menschen, die körperliche

Arbeit meist nicht gewöhnt waren, zeichnete bald die Erschöpfung. Hoffnungslos, ihrer Würde beraubt, wurden sie von SS bewacht und angetrieben. Die HJ-Führer, bequem in unserem Hause lebend, hatten kaum Kontakt zu den grabenden, im Wasser stehenden Knaben.

Die einzigen Menschen, an die die Jungen sich wenden konnten, waren die Soldaten, die einer Pioniertruppe angehörten und gekommen waren, um den Lauf der Gräben zu vermessen und technische Hinweise zum Bau zu geben.

Eine Ausnahme unter den Führern bildete ein älterer Sportlehrer, er hieß Kretzel. Er stellte sich helfend und beratend zu uns und zu den Jungen. Man spürte, daß er die Methoden seiner Kameraden mißbilligte, aber nichts dagegen tun konnte. Auch er sah die Sinnlosigkeit in dem ganzen Unternehmen.

Er kam des Abends zu mir, um mit meinen Kindern Bodenturnen zu üben und ihnen körperliche Geschicklichkeit mit großer Geduld beizubringen. Sie alle mochten Herrn Kretzel. Während das Haus wie ein Ameisenhaufen von Führern und Knaben wimmelte, wurde unser jüngstes Kind, Sabine, geboren und am dritten Tag im Garten getauft, da in Kirche und Haus kein Platz war.

Wenige Tage nach Sabines Geburt wurde ich durch menschliche Schreie geweckt. Wieder und wieder hörte ich Hilferufe, stand auf und ging ihnen nach. In der Wurstkammer hatten sie zwei Knaben an den Händen aufgehängt, Schuhe und Schnürsenkel fortgenommen. Zwei Wachen standen vor der Kammer, bewaffnet, ich durfte nicht hinein. Am nächsten Morgen wurden die Jungen in die Lazarettbaracke gebracht.

Die Quelle

Nicht weit hinter dem Schäferteich begann der Wald. Der sandige Pfad, der dorthin führte, war immer ein wenig feucht. Kleine Rinnsale zeichneten sich in den Wagenspuren ab. Ging man ihrem Ursprung nach, führten sie durch dichtes Brombeergestrüpp zu einer von niedrigen Fichten umstandenen Vertiefung, in deren Mitte ein kleines Holzhäuschen die Quelle schützte. Um das Quellenhaus herum hatte sich ein runder See gebildet. In seinem bräunlichen, eisenhaltigen Wasser spiegelte sich ein Stückchen vom wechselnden Himmel: weiß, blau, rötlichgrau oder schwarz – die ganze Skala der Farben fand sich in dem Gewässer wieder. Vor jedem Regen färbte sich das Wasser tief dunkelbraun und kündigte so durch seine Färbung untrüglich das Regenwetter an. Auch im Haus lief es dann braun aus den Hähnen, und man konnte an solchen «Vor-Regen-Tagen» keine Wäsche waschen.

Wer an der Quelle vorüberging, konnte die Geräusche vernehmen, die die auf- und niedersteigenden Wassertropfen hervorriefen. «Klick-klack-kluuunk», tönte es aus dem Häuschen, und das «Kluuunk» klang dumpf, wenn die herabgefallenen Tropfen zurückspritzten an die nasse Holzwand.

Durch die diesige Herbstluft hindurch waren die Schreie von Dohlen zu hören, die über dem Quellentälchen kreisten. Ihre Flügelschläge bewegten die schrägen Sonnenstrahlen, die die Tautropfen auf den Spitzen der Gräser glitzern ließen. Aufgebracht stießen die Dohlen dann und wann in Richtung auf das Holzhäuschen nieder.

Ich ging zu Jean und Joseph in den Wald, um ihnen ihre Feldpost zu bringen, die sie lange schon erwartet hatten. Schon am Schäferteich stülpte sich eine Dunstwolke über den Sandweg, die Gestank verbreitete. In unmittelbarer Nähe der Quelle war das Unterholz gelichtet und eine Latrine errichtet worden. Sie war für die 150 Jungen gedacht, die in der Schäferei untergebracht waren.

Der Unrat sickerte in den Waldboden und vermischte sich mit den quelligen Wasseradern, die in dem Häuschen zusammenkamen und die große Quelle bildeten. Meine Bitten an die «Führer», die Latrine andernorts zu errichten, waren ergebnislos. Pferde, Kühe und Schweine bekamen bald starke Durchfälle und magerten ab. Wir tranken nur abgekochtes Wasser und brauten vielerlei Tee aus heilenden Kräutern, die rings um das Birkenwäldchen gewachsen waren. Doch ein Besuch von Dr. Rimpler brachte die Schreckensnachricht: «In den Quartieren der Jungen ist Typhus ausgebrochen.»

Besorgte Eltern kamen angereist, um ihre Söhne abzuholen, doch gab man sie ihnen nicht mit. Das einzige, was geschah, war die Errichtung der Latrine am Feuerlöschteich und das Zuschütten der früheren Einrichtung. Einer der erkrankten Knaben war ins Lazarett nach Groß-Wartenberg gebracht worden und dort gestorben. Weinende Mütter erschienen in unserem Haus, um von den Führern die Herausgabe ihrer Kinder zu erwirken. Ergebnislos.

Stolz müßten die Mütter sein, so hieß es, daß ihre Söhne mithelfen durften, das Tausendjährige Reich zu festigen. Als junge Helden würden sie einst in die Geschichte eingehen. Als erschöpfte, abgemagerte, sinnlos zugrunde gerichtete Kinder erkrankten sie – widerstandslos fielen ihre Körper dem Typhus zum Opfer. Viele starben.

Es starb auch einer der zwölf Führer. Er wurde im Wald begraben, so hatte er es gewünscht. Ich ging hin zu diesem Grab. Und als ich hier in dem dämmerigen Dom des Waldes stand, winzig in meiner Bedeutungslosigkeit, dem Toten eine gleichgültige Fremde, da wurde mir mit einemmal das volle Ausmaß der Katastrophe klar.

Alle Kraft hatte mich verlassen, ich stand da an dem Grab dieses fremden Mannes und weinte. Es gab nichts, was mir hätte helfen können, das zu ertragen, was mir auferlegt war. So sehr fehlte mir Gerds Hand auf meiner Schulter, seine Kraft, sein Verständnis.

Ich dachte an das herbstliche Rußland, in dem er kämpfte oder Kämpfe erduldete. Sein Geist würde gerade jetzt bei uns weilen, bei seinen Kindern, den Wäldern, bei seinen Feldern, den Tieren, die er liebte, bei dem Wild, das er gehegt hatte.

Ich verließ den Wald, trat auf den Sandweg hinaus und schaute zu der Brennerei und dem Turm, der sich schlank und hellweiß gegen den Himmel abzeichnete. Der Anblick half mir, meine Gedanken von der Traurigkeit auf das Helle, das Leben zu richten.

Unternehmen Barthold flüchtet

An einem grauen Tag im November kam der HJ-Führer und Sportlehrer Kretzel auf Zehenspitzen zu mir geschlichen, packte mich am linken Ellenbogen und zog mich die Treppe hinab in die Backstube, wo er mit mir auf dem breiten Sims des roten Ziegelbackofens Platz nahm. Hinter vorgehaltener Hand flüsterte er ganz nahe an meinem Ohr: «Heute nacht fahren wir, die Sonderzüge sind bestellt. Versucht, daß ihr etwas in Sicherheit bringt. Oder besser noch: Fahrt mit, es ist die letzte Gelegenheit.»

Er sprach nur aus, was ich lange schon gedacht hatte, doch die Wärme des Ofens und der saubere Mehlgeruch der Backstube dämpften die Furcht. Noch schloß uns Geborgenheit ein. Wir würden Zeit haben und abwarten, nichts übereilen. Auch war allerorts die Stimme aus dem Rundfunk zu hören: «Kein Russe wird jemals deutschen Boden betreten. Wer flieht, ist ein Vaterlandsverräter.»

Ich wollte Kretzel nicht glauben. Die Stimme im Radio war stärker, jedenfalls redete ich es mir ein. Ich betrat den Hof – soeben begann die Dämmerung. Das schwindende Licht kroch an den Spitzen der Tannen hinunter, ein plötzlich aufflammender goldener Lichtstrahl zerschnitt den Nebel über der Ebene bis hin zum Friedrichswald, und hinter dem Kirchberg im Osten brannten Strahlen und spiegelten in den nun dunkleren Abendhimmel Feuerstrahlen. Hinter der Hofmauer stiegen Vögel auf und riefen im Chor der untergehenden, in grauen Nebel getauchten, fahlen Sonne ihre Grüße zu. Wie Wind schwollen die Vogelrufe auf und ab – Spiegelbild meiner Zweifel. Jetzt fiel der Schwarm ins dichte Schlehengebüsch ein. Die Welt war nun reglos. Dies Land verlassen? Noch nicht!

Am Morgen war Schnee gefallen. Über dem weißen Schleier dehnte sich schwarz und drohend der Winterhimmel. Bedrükkende Stille hüllte das Dorf ein, das während langer Monate vom

Treiben der Jungen heimgesucht worden war. Unfertig lagen die aufgerissenen Gräben unter dem Schnee. Wenige vergessene Spaten lehnten noch an der Mauer – hier und dort ein Kochgeschirr, eines hing an der Leiter, die zum Heuboden führte. Ich rief die Kreisleitung an, um die Lage zu prüfen und Rat einzuholen. Niemand meldete sich.

Ich ging zum Ortsgruppenleiter. «Die sind schon fort», meinte der, «angeblich zu einer Erkundungsfahrt – die kommen nicht zurück.»

Frau J. kam, die Kreisfrauenschaftsleiterin – eine gute Frau, die aus allem immer das Beste gemacht hatte, soweit es ihr Amt erlaubte. «Ich will euch holen», sagte sie. «Bringt die Kinder zu meinen Eltern nach Reichenbach, dort sind sie vorerst sicher, dann könnt ihr in Ruhe packen und alles richten.»

Auf keinen Fall wollte ich mich von den Kindern trennen. Ich dankte ihr sehr und ließ sie fahren.

In dieser Zeit kam der Schlesien vorgelagerte Frontabschnitt zu einem gewissen kurzen Stillstand. Es kehrte eine trügerische Ruhe ein, die Sicherheit vortäuschte. Dennoch begannen die Frauen in den Höfen Vorsorge zu treffen. Vorsorge für eine etwa nötige Abwesenheit – für kurze Zeit. Nur vorübergehend sollte es sein, vielleicht käme es zu einem Verstecken im Wald. Ein jeder erstickte die Ahnung der Wahrheit in Hoffnung, die noch zum Schaffen befähigte.

In diesem Jahr feierten wir noch einmal das Weihnachtsfest, zusammen mit Russen, Franzosen, Polen und den Ungarnflüchtlingen. Ich hatte Gerds Bild ins Weihnachtszimmer gebracht, Kinder bedürfen des Augenscheins, um sich zu erinnern. Die Ungarn sahen es und weinten – sie hatten auf dem langen Weg von Ungarn her ihr jüngstes Kind, einen Jungen, verloren. An ihn dachten sie jetzt.

Alle wußten es nun: Es waren die letzten Tage zu Hause. Niemand sprach es aus. Die Russen hatten Mitleid mit uns, sie hatten nichts mehr zu verlieren, und dennoch fürchteten sie die Armee Stalins.

Januar 1945

Im Dorf schien das Leben erloschen. Abwartende Furcht bewegte alles, was lebte. Es gab keine Hoffnung mehr. Dumpfe Ergebenheit trat an ihre Stelle. Und wie ein Spiegelbild der Hoffnungslosigkeit kamen jetzt in endloser Kette die Reste des geschlagenen deutschen Heeres an uns vorüber. Zwischen den Wehrmachtfahrzeugen waren wieder die Planwagen der Flüchtlinge zu sehen oder auch offene Ackerwagen, rumpelnde Gefährte, nicht eingerichtet auf so lange Strecken in solch hartem Winter. Vor dem Versorgen der Flüchtenden dachte niemand an das eigene Fortkommen. Dann war plötzlich die Landstraße wieder frei – vereinzelt kamen noch Wagen oder bespannte Schlitten vorüber, seltener bat noch eine vermummte Frau um Milch für ihre Kinder oder um Brot, um Hafer für ein Pferd. Und dann trat atemberaubende Stille ein. Beklemmende Angst teilte sich aller Kreatur mit.

Ich zwang mich dazu, irgend etwas zu tun, so fuhr ich mit dem Rad nach Distelwitz und fragte Börner, der mir in seiner Hofeinfahrt begegnete: «Was nun? Was wird geschehen?»

Seine Antwort: «Chaos!»

Heimgekehrt, fand ich sieben Mann Volkssturm im Wohnzimmer vor. Sie hatten den Auftrag, Buchenhain zu verteidigen. Es waren sehr alte Männer in Lodenmänteln. Waffen hatten sie nicht. Sie gingen an den Gewehrschrank und nahmen Gerds Jagdwaffen heraus. Es war ein grotesker Anblick, wie sie da in den Ledersesseln saßen und sich mit der Apparatur der verschiedenen Gewehre befaßten, während die modernsten Waffen des deutschen Heeres bereits wirkungslos geworden waren. Vor dem Haus hielt jetzt ein Rotkreuzfahrzeug mit Verwundeten. Einer von ihnen war in Oels daheim. Das Fahrzeug hoffte aber, über Trebnitz zu entkommen, nicht über Oels. So telefonierten sie mit dem Roten Kreuz in Oels (es war die letzte telefonische Verbindung, die noch zustande kam vor der allgemeinen Auflösung) und baten um Abholung des verletzten Soldaten. Sie wurde sofort zugesagt. Der Kranke wurde ausgeladen, er hatte einen Kniedurchschuß, war aber gut versorgt. Trotzdem schmerzte seine Wunde ihn grausam. Er trank unseren letzten Kognak und meinte, Erleichterung zu spüren. Tatsächlich wurde er einige Stunden später abgeholt. Bis dahin aber hatte er mit dem blutigen Verband auf seiner Trage im Wohnzimmer gelegen neben den alten Männern, die an ihren Gewehren herumbastelten – Sinnbild des Leidens und der Sinnlosigkeit. Ich dachte an den Abend vor fünf Jahren, als wir von der Kanzel im Wald herab den Radfahrer erblickten, der den Krieg anzeigte, und sogleich an den Abschied der Männer auf der Dorfstraße. Ich hatte noch den Klang ihrer Schritte auf der Chaussee im Ohr, sah wieder die feldgrauen Rücken mit den geschulterten Karabinern in der Abenddämmerung entschwinden. Statt ihrer, die zuvor dem Dorf die Impulse gegeben hatten, die des Dorfes Lebensmitte gewesen waren, saßen jetzt sieben fremde, alte, hoffnungslose Männer in unserem Haus und spielten mit Jagdgewehren, indes doch der Krieg schon längst verloren war – Fazit aus fünf Jahren Angst und Opfer.

Die Flucht beginnt

Kurz nach Weihnachten kam die Front wieder in Bewegung. Von den Schildberger Höhen her sah man die Mündungsfeuer russischer Geschütze aufzucken. Mal hier, mal dort erhellten sie den Horizont. Westwind wehte jetzt über den hohen, verharschten Schnee und trieb den Schall zurück nach Osten.

Flüchtlinge baten um Obdach, um warme Decken, Milch, Brot. Selma hörte nicht auf, runde Schrotbrote zu backen und die Milch aus dem Kuhstall, die ohnehin nicht mehr abgeliefert wurde, zu verteilen. Eine Frau mit einem Säugling im Arm kam mit einem klapprigen Einspänner, nahm ein Bündel Heu mit und zog weiter, das Pferdchen war ohne Hufeisen und rutschte auf dem Harsch gefährlich.

Bald kamen auch Polen in ihren Panjewägelchen. Es waren solche Polen, die es besser fanden, im zerstörten Rest-Deutschland ein Versteck zu suchen, als unter Russen zu leben. Es kamen die Baltendeutschen aus dem Warthegau, die man erst vor drei Jahren «heim ins Reich» geholt hatte und die nach kurzem Versuch, eine neue Heimat zu finden, wieder fortmußten. Es kamen Ungarn- und Bessarabiendeutsche.

Und dann ging die Nachricht durchs Dorf: «Wir sollen Alte und Kranke nach Westen schicken.» Nach Westen – ja, aber wohin? Ich dachte an Verwandte in Steffansdorf, jenseits der Oder. Zwei Wagen wurden gerüstet für meine gelähmte Mutter, meinen Vater, Herrn Buchwald, der ein Bein gebrochen hatte, Frauen mit Säuglingen und die alte Frau Bartnigk, die alles vorausgesagt hatte, damals, als das Nordlicht erschienen war. Der alte Bendsmirowsky kam noch hinzu, der ein Leben lang Drainagegräben ausgehoben hatte.

Leon Walcibok fuhr den einen Wagen, der Bruder der schönen Walli. Er sollte zurückkommen mit den Pferden, damit sie den Leuten aus Wegersdorf zur Verfügung ständen, die nur Kühe hatten, mit denen sie nicht fliehen konnten. An der Rampe standen zwei Waggons, die zum Verladen von Zuckerrüben angefordert worden waren. Die Rüben waren unter Schnee und Eis begraben, an Ernte dachte niemand mehr. Mütter und Kinder bestiegen die Waggons, die Ukrainer suchten in ihnen Sicherheit, sie vor allem fürchteten die russische Armee. Leon ist später 120 Kilometer zu Fuß zurückgekehrt, bei zehn Grad unter Null und hohem Schnee. Seine Eltern waren vorerst noch dageblieben. Der Vater hatte sich um ihn gesorgt. Leon hatte Wagen und Pferde den Flüchtenden gelassen.

Ich beschloß, Friedel mit den Kindern mitzuschicken, waren doch Fedkos Frau und Iwans Tochter Parantka auch im Waggon, so daß sie gut behütet waren. Der Zugführer hatte versprochen, den Zug über Breslau nach Neumarkt zu führen, von wo alle nach Steffansdorf, was zunächst noch sicher schien, zu Fuß gelangen konnten. Ich wollte zu Pferd nachkommen, wenn ich denjenigen Polen, die bleiben wollten, die Schlüssel zum Kornboden und zur Brennerei übergeben hätte, damit sie das Vieh am Leben halten könnten.

Die Polen waren im Zweifel. Einige meinten, die Russen würden sie verschonen, doch andere rüsteten jetzt schon Verstecke im Wald und trugen Decken und Brot in eine Art Iglu unter dichten Tannen, tief im Waldesinneren.

In dem fast schon leer gewordenen Haus eilte ich hin und her – auf der Landstraße dröhnten jetzt die flüchtenden deutschen Panzer-Werkstatt-Kompanien, LKWs mit fliehender Infanterie. Jetzt begannen die im Dorf noch verbliebenen Menschen ihr unschlüssiges Hin- und Herlaufen zu beenden und Treckwagen zu beladen. Fräulein Ulrich, die in den letzten Jahren bei uns als Gutssekretärin gearbeitet hatte und uns lieb geworden war, fuhr mit Quintes zweijährigem Fohlen Adlerflug im Einspänner davon, um die zugfesten Pferde dem Dorftreck zu lassen. Es waren zu wenig Pferde im Ort, alles wollte so rasch wie möglich von den Panzergräben fortkommen, wo sich die Kämpfe abspielen würden. Ich aber wußte, als am folgenden Morgen keiner von den Volkssturmmännern, auch keine deutschen Soldaten mehr zu sehen waren, vielmehr die Jagdgewehre in die Remise gelegt worden waren, daß sich keine Kämpfe abspielen würden. Wer sollte schon kämpfen? Die Russen würden auf der nicht gesprengten Straße zwischen den

Panzergräben alles überrollen. Noch blieb ich wartend und unschlüssig da. Immer mit dem vagen Gedanken, ich müsse, ehe ich Buchenhain verließ, noch eine Nachricht von Gerd bekommen. Wie das geschehen sollte, konnte ich mir nicht vorstellen, aber ich wußte mehr und mehr: Es würde geschehen! In der Nacht kam ein Soldat durch die offene Haustür in das Jagdzimmer, in dem ich warm bekleidet in einem Sessel saß und auf ein Wunder wartete. Der Soldat trug die mir so vertraute Panzeruniform mit der gelben Paspelierung. Mein Herz begann wie rasend zu klopfen. Er brachte Grüße von Gerd, der in Neuhammer neue Tiger-Panzer holen und an die Ostfront bringen müsse.

An welche Front? War die nicht schon hier? Wohin sollte er die Panzer noch bringen? Er käme mit einem Transport durch den Breslauer Güterbahnhof Brockau – irgendwann am folgenden Tag. Der Soldat war von einer Panzer-Werkstatt-Kompanie, die Ersatzteile holen sollte. Ich rannte zu Ordon, brachte den Hund Rasch zu ihm, damit er nicht im verwaisten, von Flüchtlingen als Durchgangslager benutzten Haus trauern sollte – übergab ihm und Walli das Vieh. Er verstand, obwohl er in Sorge war um den Sohn Leon, der bisher nicht zurückgekehrt war. Ich fuhr die 80 Kilometer nach Brockau mit dem Rad, von dem starken Willen getragen, Gerd noch einmal zu sehen. Auf dem Güterbahnhof.

Das Thermometer auf der Veranda hatte minus zwanzig Grad gezeigt, der Schnee war wenig verweht, meist verharscht, es fuhr sich nicht schlecht. Ich sehnte mich nach der Ausstrahlung solch wunderbarer Harmonie, von der Gerds Wesen ganz und gar durchdrungen war – ich brauchte die Hilfe im Chaos.

Wie eine Katze, die in einem Sack fortgetragen worden ist und freigelassen sofort zurückfindet, so fand ich den mir ganz unbekannten Weg nach Brockau. Noch während ich an den Schienen entlangradelte, gab es Fliegeralarm. Die vielen Soldaten, die auf der Rampe und zwischen den Gleisen gelaufen waren, stürzten in die Züge oder durch ein Labyrinth von Transportzügen in die Rotkreuzbaracke, in der Schwestern heißen Kaffee ausgaben. Auch ich betrat die Baracke, von den Schwestern feindselig angesehen. Was tat eine Frau hier? Was wollte ich hier? Hier war ein militärischer Bereich, Frauen und Privatleben, das verstieß wohl gegen die Gesetze dieses Krieges.

«Ich suche meinen Mann», sagte ich. «Er soll mit einem Panzertransport hier durchkommen.»

Mit fanatischer Feindseligkeit blickte mich die Schwester an. «Sie sind verrückt, man kann hier niemanden finden, gehen Sie wieder hin, wo Sie hergekommen sind!»

Eben in diesem Augenblick sah ich durch die Fenster der Baracke in der Dämmerung durch die vereinzelt treibenden Schneeflocken hindurch einen Soldaten, der ein Kochgeschirr schwenkte, auf die Baracke zulaufen. Übermüdet, eiskalt und hungrig wie ich war, befand ich mich in einem Zustand hellsichtiger Vorahnung. Der Soldat hatte die vertraute gelbe Paspelierung an seiner Uniform. Während er das inzwischen mit heißem Kaffee gefüllte Geschirr mit beiden Händen umfaßte, um sich daran zu wärmen, fragte ich ihn: «Kennen Sie meinen Mann?» – Und ich nannte ihm Namen und Rang.

«Natürlich», sagte er, «das ist doch mein Chef! Das hat er aber auch verdient, daß Sie jetzt kommen!»

Es gibt keinen Ausdruck, der beschreiben könnte, wie sehr mich diese Worte bewegten. Sie umfaßten sein ganzes Wesen, das auch im Herzen dieses todgeweihten Soldaten lebte, der soeben seine letzte Reise antrat. Er ergriff mich und mein Fahrrad und lief mit mir über Brücken, die über stehende und fahrende, schiebende und rangierende, mit Soldaten und Waffen bestückte Güterzüge hinweg auf das allerletzte Gleis führten. Inzwischen war es dunkel geworden und nicht nur dunkel, sondern wegen der Verdunkelung fast schwarze Nacht. Der Gefreite öffnete die Tür eines Waggons, schob mich und mein Fahrrad hinein, sprang selbst nach. Im gleichen Augenblick setzte sich der Zug in Bewegung. Als sich meine Augen an die Dunkelheit gewöhnt hatten, erkannte ich einen auf einem Schemel sitzenden Soldaten. Er heizte ein Öfchen, dessen Rohr aus dem Dach des Waggons herausragte. Von Zeit zu Zeit öffnete er die Ofenklappe und legte Holz nach. Dennoch blieb es eiskalt im Waggon. In dem schwachen Feuerschein erkannte ich, daß die Männer auf dem Boden lagen, Seite an Seite, und mit den Köpfen auf ihren Tornistern fest schliefen.

Der Ofenheizer, den mein Kommen gar nicht wunderte, reichte mir ein Feuerzeug, mit dem ich die Gesichter der schlafenden grauen Männer beleuchten konnte. In dem Augenblick, als der Schein der kleinen Flamme auf den fiel, den ich suchte, erwachte er, richtete sich auf und zog mich neben sich. Der Nachbar rückte bereitwillig ein wenig zur Seite.

Zunächst befiel mich ein Gefühl der Scham: Ich war in das soldatische Leben, das allein Männersache ist, so tief eingedrungen, hatte ihr menschliches Miteinander überrascht, erlebte ihre Einfindungsgabe und ihre Gemeinschaft, die, während vieler Kriegsjahre zusammengewachsen, eine Atmosphäre ausstrahlte, die mich andächtig stimmte.

Er erriet meine Gedanken und sagte: «Mach dir keine Sorgen! Die Frau eines Unteroffiziers ist von Neuhammer aus mitgefahren und in Breslau ausgestiegen, und jetzt bist du hier. Jeder versteht das!»

Die ständige Gegenwart der Angst verließ mich, ich war geborgen, nicht Russen, nicht Flieger, nicht die Gestapo konnten mir etwas anhaben.

Diese Reise im Waggon, sie hat stattgefunden – und doch war sie unwirklich, ohne Hoffnung, ohne Zukunft, die Vergangenheit verloren.

Der Zug rollte auf den Schienen dahin mit unbekanntem Ziel – niemand kannte den Bestimmungsort. Eine teuflische Macht verfuhr mit den Menschen willkürlich, warf sie hierhin, dorthin, dem Tod in die Arme. Der eigene Wille, er wurde ausgelöscht. Sie hatten sich schon dem Schicksal ergeben. Das einzige, was noch galt, war ihre Gemeinsamkeit, der Lebensfaden, der sie noch verband, war das ethische Bild der Kameradschaft, es schien mir in dem Augenblick dem Wert der Liebe gleich zu sein. Die Kameradschaft erhob diese Männer über Banalitäten, über Zerstörung und Hoffnungslosigkeit zu einem hohen Menschenbild, in welchem das Unvergängliche der christlichen Wahrheiten lebte: «Die Liebe sucht nicht das Ihre.»

Die Gespräche während dieser unserer letzten Gemeinsamkeit, sie flogen vorbei wie Schatten, blieben im Raum stehen, nie gelöste Rätsel: Wo könnten wir uns nach dem Krieg finden? Wohin sollen wir fliehen? Wohin soll man einen Brief, eine Nachricht senden?

Noch waren wir beisammen, ich wagte nicht, auf eine Antwort zu dringen oder die Fragen klar zu formulieren – es gab keine Antwort.

Ich las seine Gedanken. Von einer Riesenhand wurde mein ganzes kleines Ich zusammengepreßt – ich wollte seinen Lebensfaden festhalten, wollte nicht der Verzweiflung anheimfallen. Er wußte um seinen Tod. Dieses Bewußtsein verlieh ihm eine unaussprechliche Güte, die mich umschloß und noch heute umschließt.

Nach sechs Stunden Fahrt hielt der Zug. Die große Schiebetür des Waggons wurde geöffnet, man konnte in der Ferne das Dach einer Bahnhofshalle erkennen. Wir hielten weit draußen und konnten keinen Ortsnamen ausmachen. Wo waren wir? Ich fürchtete mich. Wie sollte ich zurück zu den Kindern finden? Würde ich sie rechtzeitig erreichen?

Gerd wies mir einen Lazarettzug an, der in anderer Richtung auf dem gegenüberliegenden Gleis soeben einfuhr. Stumm sahen wir uns an. Diese Wortlosigkeit bedeutete: «Frag nicht, wohin der Zug fährt – er fährt nur so weit, wie er kommt. Wo wird er auf die von Russen inzwischen schon besetzten Gebiete stoßen? Was wird aus den Verwundeten?» Das Wissen um diese unausgesprochenen Fragen, die Unmöglichkeit einer Antwort warf uns in eine Art Nirwana. Mir war es, als schwebten wir wie Geister über einer höllischen Welt.

Der Lokomotivführer zog mich in den Lazarettzug, der, in Dampfwolken gehüllt, sofort weiterfuhr. Mein Fahrrad blieb zwischen den Gleisen liegen, erstes Strandgut der kommenden Fluchten. Von der Lokomotive wurde ich in einen Packwagen gewiesen, in dem schon einige Zivilisten saßen, die unterwegs aufgelesen worden waren. Der Zug mit den Panzern und ihren Wächtern wurde derweil nach Ungarn weitergeleitet, wie wir viel später auf der Flucht durch den Wehrmachtsbericht erfuhren. Dort sollten sie den Plattensee verteidigen, indes die Russen bereits ungehindert in Schlesien einmarschierten. Und unsere Soldaten hatten sich gewünscht, ihre Heimat zu verteidigen, Frau und Kinder zu beschützen, nun fanden sie den Tod in Ungarn.

Während des Krieges hatte Gerd sich angewöhnt, Gedanken, die ihn anflogen, wo immer er sich befand, auf Zettel zu schreiben und von Zeit zu Zeit gesammelt in Form von Feldpostbriefen an mich zu senden. So bekam ich oft vereinzelte, unzusammenhängende Gedankenflüge, die mir einen tieferen Einblick in seine Empfindungen während der Kämpfe in Rußland gaben, als es vielleicht ausführliche Briefe hätten tun können.

Als er mit mir aus dem Waggon herausgetreten war, um mich in den Lazarettzug zu geleiten, steckte er mir zwei Zettel in die Tasche seiner Feldbluse, die zu tragen ich mir angewöhnt hatte. (Ein ähnlich praktisches und vielseitiges Kleidungsstück gab es für Frauen nicht und gibt es auch heute noch nicht.)

Ich dachte nicht weiter an die Briefchen. Schließlich aber – die Fahrt ins Ungewisse dauerte lange – suchte ich in allen Taschen nach etwas Eßbarem und fand die beiden Zettel, die er mir mit auf den Weg gegeben hatte.

«Um Ort und Stunde Deines künftigen Daseins gib Dir keine Mühe. Die Sonne, die Deinem Tage leuchtet, misset Dir Deine Wohnung und Dein Erdengeschäft und verdunkelt Dir so lange alle himmlischen Sterne. Sobald sie untergeht, erscheint die Welt in ihrer größeren Gestalt und schlägt Dir am Himmel die glänzenden Bücher der Unsterblichkeit auf.» (Joh. Gottfr. Herder)

Und auf dem zweiten Zettel stand:

«Für die ungewisse Zukunft unserer Kinder:
‹Weichheit ist gut an ihrem Ort,
aber sie ist kein Losungswort, kein Schild, keine Klinge
und kein Griff, kein Panzer, kein Steuer für Dein Schiff.
Du ruderst mit ihr vergebens,
Kraft ist die Parole des Lebens!
Kraft im Zuge des Strebens, Kraft im Wagen,
Kraft im Behagen, Kraft im Entsagen,
Kraft bei des Bruders Not und Leid,
beim stillen Werk der Menschlichkeit.›»
(Friedr. Theod. Vischer)

Zwischen Groß-Wartenberg und Kempen lag in Polen der Ort Baranow. Die düsteren Vokale, die den Ortsnamen bestimmten, zeichnen schon ein Bild dieses armseligen Dorfes. Von weitem sah es aus, als hätte man große Hüte auf die Erde gestülpt, willkürlich verstreut. Das waren die herabhängenden Strohdächer, die im Sommer lange Schatten auf den Flugsand geworfen hatten, in dem sich kaum Lebendiges regte: Hier und da die Spuren von Hühnerkrallen, die Fährte eines Fuchses, dessen herabhängende Lunte einen langen Strich in den Sand gezeichnet hatte – in dem einzigen, halb abgestorbenen Baum hatten immer Rabenkrähen gesessen, als warteten sie auf Beute, dann und wann hatte sich eine von ihnen krächzend in die Luft erhoben, um nach einem kurzen umkreisenden Flug die Flügel zusammenzuklappen und ihren Platz auf dem Baum wieder einzunehmen.

Baranow war für mich immer der Inbegriff der Armut und Verlassenheit gewesen. Bis zu diesem Ort nun, so erfuhr ich auf den verschiedenen Bahnhöfen, war ein Teil der sowjetischen Streitmacht vorgedrungen – Groß-Wartenberg selbst war noch frei. Frei vom Feind, noch – ja, aber durch das Städtchen mit seinem zinnenbewehrten Märchenschloß, dem kopfsteingepflasterten Ring und den kleinen Straßen floß unaufhörlich ein Strom von flüchtenden Völkerscharen aller Art: Polen und Deutsche aus dem Warthegau, Balten, die mit Entsetzen die neueste zweite Heimat im Stich ließen, Gefangene (ihre Wärter waren schon gestern geflohen), Russen und Franzosen, Kühe, Schafe, Hunde, ungarische Esel, in deren Tragkörbe man die Kleinkinder gepackt hatte.

Über dem lebendigen, angsterfüllten Gewimmel schossen die Jagdflugzeuge hin und her. Die Garben aus ihren Maschinengewehren gaben ein Geräusch, das schon zu vertrauter Musik geworden war. Fiel es einmal aus, so fürchtete man sich vor der Stille – wir wußten nicht einmal, ob es Feindflugzeuge waren oder die eigenen.

Der Ortsgruppenleiter saß indessen noch immer in seinem Parteibüro am Ring und schaute ungläubig auf die Auflösung da draußen.

«Nur Ruhe bewahren, der Volkssturm (waren es auch hier nur sieben Mann in Lodenmänteln?) hält den russischen Vormarsch auf, das weiß ich aus sicherer Quelle – bloß keine Panik! Wer auf die Flucht geht, verstopft nur die Straßen und verhindert das Heranführen von Reserven.»

Er hatte einen Lautsprecher ergriffen, wie man ihn um die Jahrhundertwende benutzt hatte, und rief den Vorüberflüchtenden Beschwörungsformeln zu.

Ein humpelnder Soldat, dessen erfrorene Ohren von einem lila Wollschal geschützt wurden, blieb einen Augenblick stehen, rief ihm zu: «Reserven, daß ich nicht lache. Reserven – das sind wir.

Siehst du nicht, was für Reserven das sind? Hau ab und sieh zu, daß du dich in Sicherheit bringst, alles andere ist Selbstmord.»

Darauf: «Aber wir haben doch noch unseren Führer!»

Der Soldat: «Der hat uns ja so weit gebracht!»

«Du Verräter gehörst nach Treblinka, wenn du nicht Frontkämpfer wärest, sähe ich schon zu, daß ich dich dahin brächte!»

Entsetzt war ich ungewollt Zeuge des unsinnigen Wortgefechts geworden, dabei immer auf der Suche nach einem Gefährt, das mich nach Hause bringen sollte – und ich fand eines.

Entgegen dem Flüchtlingsstrom bahnte sich hupend ein Kübelwagen seinen Weg. Das Rote Kreuz bedeckte die erkennbaren Seiten. Dr. Bornemann hatte darin sein gesamtes ärztliches Material verstaut. Als Chefarzt des Krankenhauses Groß-Wartenberg hatte er Nacht für Nacht Verbotenes getan: Polen behandelt (das war im Dritten Reich nicht erlaubt, mochten sie doch krepieren). In langen Schlangen hatten sie auf der Straße gesessen und gewartet, daß «der gute Doktor» Zeit für sie bekäme. Von Sensen abgeschnittene Finger, beim Schweißen verbrannte Augen, Exzeme, Hungerödeme, alles hatte er behandelt und Trost gespendet. Später baten die Polen die einmarschierten Russen, ihm das Lazarett zu übergeben. So blieb er auch bei den Sowjets Chefarzt und durfte bleiben – vorerst! An jenem Januartag 1945 sah er mich bei den Soldaten stehen – eine kleine Insel im Heer der Flüchtenden, ließ mich einsteigen und fuhr mich durch die Wälder nach Hause.

Ich kam keinen Augenblick zu früh. Schildberg war gefallen. Das Dorf war tot, der Flüchtlingsstrom verebbt, die Bewohner mit unseren Gespannen getreckt, wie es verabredet und von langer Hand vorbereitet gewesen war. Nur der Gastwirt war zurückgeblieben, er gab sich bei den Russen als Pole aus, wurde später aber dann doch ausgewiesen. Ordon wollte bleiben, ihm würde – so war er überzeugt – als Landarbeiter und Bewohner der ärmlichen Hütte am Teich nichts geschehen. Sein jüngerer Sohn Franzek, noch nicht wehrpflichtig, würde ihm helfen. Auch Maischak blieb, der Melker. Er war polnischer Wanderarbeiter, wo sollte er hin – auf unserem Hof hatte er sein Haus, ein wenig Vieh, eine gute Arbeit. Die Frauen und Mädchen aber, so befahl Ordon, sollten nun rüsten, um ihre Verstecke im Wald aufzusuchen.

Fedko, dessen Familie ja schon im Waggon mit den Kindern abgereist war, hatte im kleinen Hof mit den Stuten Sibylle und

Quinte auf mich gewartet. Er mahnte mich zum Aufbruch, indes ich noch Ordon die Schlüssel zu Schüttboden und Scheune übergab. Ein Motorengeräusch erschreckte uns. Aber es war nur Dr. Bornemanns Kübelwagen, der mit einem polnischen Fahrer eine Nachricht brachte. Irgendwie hatte «der gute Doktor» es möglich gemacht, Verbindung mit Steffansdorf zu bekommen, und hatte erfahren, daß die Kinder und alle Waggon-Reisenden dort eingetroffen und liebevoll aufgenommen worden waren.

«Nun reiten wir zu unseren Familien, die in Sicherheit sind», sagte ich zu Fedko, «und es wird nicht lange dauern. Wenn die Kampfhandlungen vorüber sind, kehren wir zurück.»

Ich steckte die letzten Feldpostbriefe und 122 Reichsmark, die noch in der Lehnskasse waren, in eine Umhängetasche und ritt, nachdem ich Haus und Hof aufgeräumt und sorgsam noch einmal die Treppe gefegt hatte, um 10 Uhr abends mit Fedko davon.

Auf dem Waldhügel oberhalb der Quelle hielten wir. Ich blickte zurück. Der Brennereiturm, aus dem kein Rauch mehr aufstieg, überragte eine von silbern-kaltem Mondlicht übergossene Schneelandschaft, in der der große Hof winzig klein und verloren erschien. Es war so kalt, daß die Baumäste knackten, daß die Schneekristalle auf dem glänzenden Harsch golden und silbern aufleuchteten und wie tanzende Glühwürmchen ein verwirrendes Lichterspiel zauberten.

Die Hufe der Pferde durchbrachen die Schneedecke, und das Krachen des vereisten Schnees mußte weithin zu hören sein. Plötzlich wußte ich, daß es eine Rückkehr nicht geben würde, daß das Heimweh nach dieser Heimat immer als eine Bürde und ein heißer Schmerz mein weiteres Leben begleiten würde. Aber ich wußte in diesem Augenblick auch mit großer Gewißheit, daß es uns gelingen würde, die Oder zu überschreiten und zu den Unseren zu gelangen. Es gab eine unsichtbare Hand, die mich leitete, die mir den sicheren Instinkt verlieh, Gefahren rechtzeitig wahrzunehmen und dann den Treck durch das Chaos nach Westen zu führen.

Wenn später all die vielen Menschen stumm dem Weg folgten, den eine unsichtbare Hand mir wies, so kam mir zuweilen die Idee, daß es das Blut der Vorfahren war, das mir jetzt plötzlich Fähigkeiten verlieh, von denen ich nichts gewußt hatte. Die Gestalten der Vergangenheit wurden lebendig und schienen im Augenblick der höchsten Gefahr zu mir zu sprechen.

Nach etwa einstündigem Ritt lichteten sich die dichten Tannen, und eine einsame Rauchsäule erhob sich wie ein graues Band zum Himmel empor, in die dichte, blauschwarze Finsternis der Nacht. Jemand hatte sein Haus angezündet, ehe er es verlassen hatte. Die Wärme der noch glühenden Asche zog uns in den Bannkreis der Feuerstelle. Schwarz und blind lag das verlassene Festenberg da. In keinem Fenster sah man den Widerschein eines flackernden Herdes – keine grauen Rauchwolken stiegen aus den Schornsteinen zum Himmel empor, nur die rotglühende Asche des verbrannten Hauses lockte mit ihrer Wärme. Wohin waren die Bewohner des Städtchens geflohen?

Ihre Spuren hatte der Wind verweht – Neuschnee war darauf gefallen, die Nacht hatte ihre Flucht verhüllt.

In dieser Nacht wollten wir Frauenwaldau erreichen, das auf halbem Wege zwischen Buchenhain und Heidewilxen lag. Wieder nahm uns hoher Tannenwald auf und gab uns ein Gefühl der Sicherheit. Der Schnee, der von den Bäumen herabrieselte, verdeckte unsere Fährten. Der Wind wehte von Westen. So hörten wir nur schwach und vereinzelt das näher kommende Geschützfeuer, nun schon von Klenove her.

Eine Stunde nach Mitternacht erreichten wir Frauenwaldau. In allen Höfen brannten die Laternen. Kühe muhten ob der ungewohnten Geschäftigkeit während der Nacht. Frauenwaldau packte und bereitete sich auf die Flucht vor.

Eine Bäuerin, ihr Mann war gefallen, das sagte sie uns sogleich, lud uns ein auf ihre Küchenbank, die Pferde in den noch warmen, noch mit Leben gefüllten Kuhstall. Zwei Stunden lagen wir müde in der wohligen Wärme einer Bauernstube auf Holzbänken im Halbschlaf. Da klopfte es ans Fenster. Eine Stimme rief: «Steht ock uf, macht uch fertig, sie kommen.»

Der Ruf hatte nicht uns, sondern der Bäuerin gegolten, doch folgten wir der Mahnung und fanden uns sogleich wieder unterwegs. Da, wo der Wald sich lichtete, tauchten der Mond und die weißgelben Sterne auf. Langsam zog der Mond auf der Himmelsstraße dahin, er jedenfalls blieb unverändert – derselbe Mond schien über Buchenhain und über dem Ort, den wir irgendwann einmal erreichen würden – er goß sein blaues Licht über den Wald und über alle Fliehenden.

Fluchtstationen

Im Morgengrauen erreichten wir Heidewilxener Gemarkung. Der vertraute, bergende und tröstende Wald wurde lebendig. Ein Sprung Rehe verholte und äugte neugierig hinüber zu den Pferden. Dompfaffen umflatterten eine Birke. Ihr Geschwirr ließ Schnee von den Ästen stieben.

Ich dachte an die warme Helligkeit, die im Sommer diesen Ort so lieblich gemacht hatte. Die hohe Gartenhecke, jetzt im Schnee erstarrt, war noch ordentlich geschnitten. Das breitgelagerte weiße Landhaus war ohne Leben. Mutter war ganz allein noch darin und verbarg Schätze im Schornstein. Meine Eltern hatten in den letzten Jahren bei uns gelebt. Mein Vater war von der Wehrmacht wegen hohen Alters entlassen, meine gelähmte Mutter wollte der Bombengefahr in Potsdam entrinnen. Sie hatten uns immer geholfen, und ganz besonders auf der Flucht hat uns ihre Haltung gestärkt. Ihr Wagen mit den beiden kleinen Pferden stand bereit. Doch sie kam nicht mit uns, glaubte, noch Zeit zu haben. Auch als ich ihr berichtete, daß wir unterwegs das beißende Rattern der Maschinengewehre und das hohe Pfeifen der Granaten von Klenove her gehört hatten und dann das dumpfe Donnern der Einschläge. Sie blieb taub für alle Mahnungen. Die Magie der Tradition, die in den Dingen lebte, die sie verbarg und zu retten hoffte, hielt sie fest. Und gerade dieses Haus mit seinem Versteck wurde von den Russen angezündet.

Gerds Mutter floh in die Tschechei und wurde dort lange und unglücklich gefangengehalten.

Kurz hinter Heidewilxen holten wir Fräulein Ulrich mit dem Einspänner ein, ritten seitwärts über die Felder durch hohen Schnee, vorbei an der endlosen Kette der eisenbereiften, bremsenlosen Ackerwagen, in denen alte Frauen und Kinder auf ihrer spärlichen Habe schliefen. Der Atem der Pferde gefror auf ihren Köpfen und Hälsen, auf ihren Barthaaren zu weißem Reif.

Überall rief man uns zu: «Wo kommt ihr her? Ist der Russe schon in Frauenwaldau? Werden wir zurückkehren? Wir werden doch nicht unsere Heimat verlieren? Jenseits der Oder werden wir doch sicher sein?»

Die alte Frau Bartnigk hatte damals in der Nacht des Nordlichts gesagt: «An fremden Wassern werden wir wohnen und werden die Klagelieder des Jeremias singen.»

Gegen Abend erreichten wir die Oder. Das graublaue Band des Flusses war unterbrochen von hoch sich türmenden Eisschollen. Ein kaltes rotes Licht spiegelte sich in dem Fluß, über den Pioniere eine Pontonbrücke errichtet hatten. Langsam, nur ganz langsam konnten die Gespanne der endlosen Trecks übergesetzt werden. Erst gegen zwei Uhr morgens sahen wir die Lichter von Steffansdorf.

Am jenseitigen Oderufer fragte ein verwundeter Leutnant mit aufgeschnittenem Stiefel und blutigem Beinverband: «Wie steht's? Der Russe wird doch nicht bis hierher kommen? Ich habe zwölf Mann, damit soll ich zwanzig Kilometer Oderufer verteidigen.» Wir sagten ihm, wie es stand – er sah ratlos und verzweifelt aus. Er reichte mir ein schmales Büchlein mit der Adresse seiner Mutter in Liegnitz – ihr sollte ich es bringen oder schicken. Er wollte ihr einen Gruß zukommen lassen «Für alle Fälle!». Es war ein Gedichtband von Kelly. Er begann mit den Worten:

«Wie schön der Mond am Fluß heut scheint,
die Vögel seufzen,
der Nachtwind weint...»

Die Worte schienen das Schicksal zu verhöhnen – sie wurden fortan die Begleitmusik des nimmer endenden Heimwehs.

Wenn ich heute, fast 40 Jahre später, in stillen Nächten die Augen schließe, sehe ich sie wieder vor mir: die schweren Ackerwagen vor dem Steffansdorfer Schloß, bespannt mit den bewährten kleinen schlesischen Kaltblütern, die so unermüdlich und ausdauernd waren. Die vielen Menschen mit ihren Bündeln und Decken, davor der Treck aus Buchenhain mit den leichten Pferden und der immer noch am Wagen baumelnden Czekallaschen-Gans. Ganz vorn zwei Hochzeitskutschen, darin die Mühnitzer mit der Großmutter Prittwitz und der jüngsten Enkelin Carmen, sechs Monate alt. Dazu der bucklige Kutscher Kern, der später lange bei uns bleiben sollte. Die zweite Hochzeitskutsche, die man aus einer

Steffansdorfer Remise gezogen hatte, mit meinen Eltern und den Kindern, dazu noch zwei fremde Kleinkinder und Friedel, die für alle sorgte.

Laternen wanderten hin und her, hier und dort war noch etwas zu verstauen. Hier, an dem scheinbar sicheren Ort, hatte sich alles getroffen, aber es gab keine Ruhe, keine Pause.

Die Erde bebte von den Einschlägen der Geschütze, die uns eingeholt hatten – und auch der Feuerschein aus dem Osten war uns gefolgt. Niemand spürte Kälte, Hunger, Durst, nicht einmal die Pferde konnten wir tränken nach dem tagelangen Ritt. Auch sie fühlten sich getrieben, ihr Instinkt spürte die Gefahr – es ging sofort weiter.

Auf der verschneiten Straße bewegten sich knirschend und knarrend die Flüchtlingsgefährte. Hier und da baumelte noch eine bald verlöschende Stallaterne. Unter ihrem Schein blinzelte der Schnee auf, und man sah die tiefen Spuren, in denen die unzähligen Räder einander folgten. Gefährte des flüchtenden deutschen Heeres überholten die Trecks. In dem hohen Schnee wurden die schweren Fahrzeuge oft zu dicht an die Pferdegespanne geschleudert, Wagen kippten in die Gräben – alles stoppte, einer half dem anderen. Es gab ja nur Frauen und Kinder.

So kippte auch der Wagen mit meiner Mutter und den Kindern um. Die Pferde standen keuchend und mit den Flanken schlagend an der schrägen Böschung und konnten, erschöpft wie sie waren, das Gefährt nicht mehr herausziehen. Vorbeifahrende Soldaten hasteten nach Westen, von Panik ergriffen, wer wußte schon, was sie im Osten erlebt hatten, das ihre Flucht so kopflos machte. Keiner hielt. Jetzt kam ein Trupp Nachrichtenhelferinnen auf Skiern. Sie sahen die vergeblichen Anstrengungen der müden Pferde, die Kinder im schräg gekippten Wagen, schnallten die Skier ab und halfen. Mit vereinter Kraft machten sie das Gefährt wieder flott.

Um den Gefahren der Straße zu entgehen, bogen wir mit dem Treck auf das weite weiße Feld ab und meinten, auf der unendlichen Fläche direkter nach Westen zu gelangen. Mühsam kämpften sich die Pferde voran, immer wieder stehenbleibend, prustend, verschnaufend. Jetzt ein Bersten und Krachen, an einem der Wagen war die Deichsel gebrochen. Alles stand still in der nachtschwarzen Weite. Plötzlich setzte Wind ein. Ein jäher Windstoß fegte heran. Der Schnee stieg wie eine Säule auf, stieg immer höher und wurde mit Pfeifen, Heulen und Rauschen über das Feld getrieben.

Eine weiße Masse stürzte zur Erde nieder. Die Schneewolken wurden dichter und dichter. Aber so plötzlich, wie das Unwetter gekommen war, hörte es auch auf. Am Himmel erschien Stern um Stern. Auf der Erde lockte ein rötliches Licht in unserer Nähe.

«Wartet hier», rief ich. «Ich kann vielleicht Hilfe holen.» Bis zur Brust watete mein Pferd im watteweichen Neuschnee. Das Licht kam aus einer Hütte. Eine Frau trat mit einer Laterne ans Fenster. Die Tür war zugeschneit.

«Kommt nur», sagte sie, «ich bin allein, die kleine Scheune – ein Wagen steht darin - nehmt die Deichsel.»

Bald waren alle in der einzigen Stube der Hütte versammelt, die Pferde in der Scheune, Stroh und Heu genug. Zwei Pferde paßten in die kleine Holzscheune nicht mehr hinein, die Kleinbäuerin führte die beiden in die ebenerdige Küche und band sie kurzerhand an der messingnen Herdstange an. In der wohligen Wärme, die der Kachelofen verbreitete, reichte sie allen heißen Kräutertee, und für die Säuglinge gab es Milch. Die Mütter hatten die vermummten Babies auf dem Schoß und wiegten sie im Halbschlaf. Auch ich wiegte ein weinendes Bündel und meinte, es sei Klein-Eckhard, bis ich entdeckte: es war ein falsches Kind. Ich tauschte mit der Nachbarin und hatte das richtige – wie froh waren wir, den Irrtum noch rechtzeitig bemerkt zu haben, denn später trennten sich unsere Wege. Durch die Fahrt über das weite Schneefeld hatte unser Treck trotz des Unfalls und trotz der Ruhe in der Hütte ein gutes Wegstück abgeschnitten. So fanden wir uns gegen Mittag des folgenden Tages in einem Gut am Zobten. Der Ort machte noch einen friedlichen Eindruck, kein hastiges Packen, keine Panik, jeder schien noch seiner gewohnten Beschäftigung nachzugehen. Wir sahen uns nach einem Rastplatz um. Auf dem Stumpf eines von der Schneelast umgebrochenen Baumes saß unbeweglich ein Kater. Mit seinen spähenden Pupillenschlitzen sah er mit Interesse in eine bestimmte Richtung. Seinem Blick folgend, entdeckte ich eine Einfahrt. Die niedrigen weißen Pfosten waren in dem Schnee nicht ohne weiteres zu bemerken. Der Kater hatte uns einen Weg gewiesen, wir fuhren in einen weiten, einladenden Hof hinein.

Auf dem Hof war gerade das Mittagsmelken im Gange. Aus der

offenen Tür der Milchkammer klang das geschwätzige Hantieren der Frauen. Milchkannen wurden gewaschen und klangen hell auf den Fliesen auf. Aus einem Radio tönte so laut, daß es weithin zu hören war, eine Sondermeldung.

«Starke Kräfte der deutschen Wehrmacht halten den Feind an der Oder auf. Kein Russe wird jemals die Oder überschreiten.» Daher also die Ruhe der Ortsbewohner. Wir hatten die «starken Kräfte» an der Oder gesehen. In meiner Tasche fühlte ich den Gedichtband des verwundeten Leutnants, dachte an seine Verzweiflung und Hoffnungslosigkeit und an seine wenigen verlorenen Männer.

Unser geschultes Ohr vernahm jetzt schon wieder das dumpfe Beben, das die gar nicht mehr fernen Einschläge verursachten. Unsere Warnungen, an den Hofbesitzer gerichtet, erreichten nur taube Ohren. Jahre später sollte ich ihn, verarmt, elend und krank, in Eschwege wiedertreffen.

Unsere Pferde hatten inzwischen Futter bekommen, und die Menschen fanden sich in einer großen Gesindestube, wo lange Tische und Holzbänke um einen warmen Ziegelofen standen. Wie aus einer anderen Welt erschienen uns die Stubenmädchen, die mit weißer Schürze und Häubchen uns große Blechkannen mit heißem Tee brachten.

Vor dem Aufbruch mußten wir die Stute Granate dort lassen. Sie sollte in wenigen Tagen fohlen. Wir konnten nur hoffen, daß die nahenden Russen, die im allgemeinen Pferde besser behandelten als Menschen, die Fohlenstute respektieren würden. Herr X gab uns im Tausch einen alten Wallach mit, von dem wir nur hoffen konnten, daß er durchhalten würde.

Es ging weiter nach Westen. Friedel, die stark erfrorene Hände hatte, wärmte sie immer noch, schon längst wieder unterwegs, an der Teetasse. Nach etwa zehn Kilometern erreichte uns ein Motorradfahrer. Herr X hatte ihn gesandt, um die Teetasse zu holen, die Friedel mitgenommen hatte. Ahnte er immer noch nicht, daß es in wenigen Stunden um sein Leben gehen würde – und nicht um eine Teetasse? Nach weiteren fünf Kilometern fiel der alte Wallach tot um. Wir mußten ihn am Straßenrand liegenlassen. Den schweren Wagen, auf dem auch Herr Buchwald mit seinem gebrochenen, geschienten Bein saß, konnte ein Pferd allein nicht lange fortbewegen. Wir mußten ein anderes auftreiben.

Mühsam kroch der Treck auf der schneeigen, eisigen, glatten Straße dahin. Wer noch gehen konnte, ging hinter den Wagen, so fror man weniger. Wir erreichten ein langgestrecktes Dorf. In der Mitte des Dorfes sah ich ein Schild «Sparkasse». Ich ging hinein, hatte weder Scheckbuch noch Legitimation. Ich konnte nur die Geschichte des alten Wallachs schildern. Der Leiter der Kasse sah den Treck, sah, was vorüberflutete, ahnte das Kommende – gab mir 1000 Mark.

Aus einem Seitenweg kam ein seltsames Gefährt: Ein kleines Panjepferd, einseitig an die schiefe Deichsel gespannt, zog einen Leiterwagen. Ein uralter Mann mit weißem Bart, aus dem nur blitzblaue Augen schauten, lenkte. Ihn fragte ich, ob hier im Ort jemand ein Pferd zu verkaufen habe.

«Ich», sagte er, «nehmt meine Emma. Wir spannen zusammen, und mich nehmt ihr auch mit.»

So geschah es. Emma hatte nur einen Zahn, zog aber, als wäre sie ein Elefant. Unser Kummet war viel zu groß, hing ihr bis auf die Vorderbeine herab. Eine unterwegs mitgenommene Steppdecke, um das Kummet gewickelt, gab den nötigen Halt. Der alte Bärtige, Opa Kursawe, hatte einen untrüglichen Instinkt für Gefahren. Er hat uns geholfen, wo immer es sich rechtzeitig zu verbergen galt. Später, in Bautzen, verließ er uns, suchte seine Tochter, die in der Stadt wohnen sollte.

Gegen Abend bogen wir in eine nahe der Straße gelegene Feldscheune ein. Wir hofften, dort die Nacht zu verbringen. Wir banden alle Pferde mit einem langen Seil lose aneinander und stellten sie so, daß sie sich an dem gebansten Heu satt fressen konnten. Fedko und Iwan gingen ins Dorf zurück, um Wasser zu holen.

Als ich einen Erkundungsgang rund um die Scheune machte, erblickte ich in einem Strohhaufen, der wie ein Eisberg aussah, gut getarnt, ein Flakgeschütz. Die «Soldaten», die zu dem Geschütz gehörten, waren Schuljungen in brauner HJ-Uniform. Sie verbargen sich in den Löchern der verwitterten hinteren Scheunenwand. Ein SS-Offizier war bei ihnen.

Während der Nacht kamen die ersten Tiefflieger. Während des Krieges hatten die Russen keine Tiefflieger eingesetzt. Jedenfalls hatten wir in Schlesien niemals einen solchen Angriff erlebt. Nun waren wir schon westlicher, es mußten Amerikaner sein. Sie schossen aus ihren MGs auf eine Wehrmachtkolonne, die auf der nahen

Straße nach Westen unterwegs war. Wir hörten pausenloses Knattern, Motorgeheul, und dann sah man etwas brennen. Einer der Hitlerjungen weinte, die anderen versteckten sich im Stroh. Niemand hatte daran gedacht, das Flakgeschütz zu betätigen.

Der SS-Offizier hielt, als die Flieger abgezogen waren, den Jungen eine Rede: «Der edelste Gedanke der Menschheit ist, sich zu opfern, wir sind nicht hier, um zu töten, sondern um unser Leben für Deutschland aufs Spiel zu setzen. Wenn wir hier für unseren Führer sterben, so haben wir unsere Pflicht getan, und ihr werdet Ruhm ernten.»

Hatte er seine Pflicht getan, als er die Tiefflieger ungehindert auf Fliehende schießen ließ? Wollten die weinenden Knaben Ruhm ernten? Sie alle hatten wohl kaum einen anderen Wunsch, als zu leben.

Nach jedem zurückgelegten Kilometer wurde Ballast abgeworfen. Opa Kursawe hatte sein Leiterwägelchen zurückgelassen. Aber er hatte einen Kompaß, nach dem richteten wir unsere Flucht. Die große Straße hatten wir wieder verlassen. Totale Erschöpfung hatte sich der Menschen und Pferde bemächtigt. Alle fingen grundlos zu kichern an. Bei der Großmutter begann es und pflanzte sich fort von Wagen zu Wagen. Absurd war das.

Der Schnee um uns war gefroren, wir überquerten eine riesige Eisfläche. Die sinkende Sonne ließ das Eis glänzen wie von tausend Diamanten und Smaragden. Die verschwindende Sonne veränderte alle Konturen. Die Treckwagen warfen lange Schatten auf das Eis. Dann plötzlich umfing uns Nacht. Die völlige Stille, die absolute Zeitlosigkeit ließ mich ein nie gekanntes Glücksgefühl empfinden.

Zurück?

Zurück – sollten wir nicht umkehren – wohin eigentlich – warum noch weiter? Krieg und Zerstörung war überall – und zu Hause war zu Hause.

Aber: Würden zwei Bilder nebeneinander existieren können, das Bild der Heimat, in der wir gelebt hatten, gelebt in der Verbundenheit mit den Menschen, die an dem Lehen: Erdboden, Wald, Hügelland gearbeitet, es erhalten hatten, und das Bild der Verwüstung, der Zerstörung, der Verwundung von Wald, Feld und Vieh, das wir jetzt vorfinden würden?

Ich gehe an den Wagen entlang. Herr Buchwald hat das Kinn im Mantelkragen vergraben, das Gipsbein, als gehörte es nicht zu ihm, ruht auf den Säcken.

Ich will sein Gesicht sehen, ich frage: «Zurück?»

Er schlägt die Hände vors Gesicht – ich sehe: Der weint ja – das ist die Antwort.

Und wieder eine Nacht in einer Feldscheune. Sie ist bevölkert. Ein Treck aus Ungarn hat sich dort eingerichtet, ein Hauch von Wärme breitet sich aus. Viele kleine Pferdchen, helle Leiterwagen, Säcke mit weißem Mehl, so weiß wie draußen der Schnee. Aus dem Lande der Magyaren, es sind Batschka-Deutsche – selbst hier sind sie noch gastfrei –, teilen mit uns, Speck, Wein aus Tonkrügen.

Die Russen haben uns überholt – wenn unsere Artillerie nicht schießt – gibt es die überhaupt noch? –, dann haben wir eine ruhige Nacht zu erwarten. Ein jeder beginnt sich einzurichten, die Angst, das Gefühl des Verfolgtseins, fällt von uns ab – jeder bereitet ein Nest im Stroh, als sei es für lange. Als Hans auch ein Stück Speck bekommt, sagt er: «In der Welt lebt man besser als zu Hause.»

Frau Buchwald denkt an Pastor König, an eine Sonntagspredigt: «Sehet die Vögel unter dem Himmel an, sie säen nicht, sie ernten nicht, und unser himmlischer Vater nährt sie doch.»

Fedko und Iwan gehen Pferdefutter «organisieren». Sie gehen

ins nahe leere Dorf, in dem kein Hund anschlägt und keine Katze umherschleicht. Sie haben kein Licht, aber sie haben einen untrüglichen Instinkt. Sie kommen zurück, ziehen einen Pferdeschlitten, hochgetürmt mit Heu.

Es fehlt Wasser. Wir können kein Feuer anmachen, um Schnee zu schmelzen, fürchten die Flieger. Da: das Geräusch eines hopsend und knatternd sich durch den Schnee kämpfenden Motorrades. Der Schein einer Taschenlampe irrt suchend durch die Scheune. Der Russe sieht böse aus. Aus dem locker gegürteten Russenkittel hat er die Pistole gezogen, geht suchend umher – was hat er vor? Er sieht die vielen schlafenden Kinder, sieht Sabinchen im Fußsack, das rosige Gesicht friedlich lächelnd im Traum, steckt die Pistole ein, nimmt das Kind auf den Arm, geht umher mit ihr, singt – auch er hat eine Heimat, eine Familie, wie weit fort die sind. Fedko sagt ihm, daß Wasser fehlt. Der Soldat legt das Kind ins Stroh, knattert davon. Erleichterung, Aufatmen, bald wieder Motorengeräusch – erneutes Erschrecken. Ein russisches Versorgungsfahrzeug, es bringt uns Wasser. Der Fahrer spricht mit Fedko und Iwan. Iwan übersetzt uns später.

Liegnitz

Über der weiten, mondbeglänzten Schneefläche wölbte sich ein sternenübersäter Himmel. Es war so hell, daß die Spuren und Fährten des Wildes deutlich zu erkennen waren. Die Rehfährten und die eines Fuchses mit dem Strich, den seine Lunte in den Schnee gezeichnet hatte. Dem Fuchs voran die Spuren der flüchtenden Hasen. Wir waren die Hasen, hinter uns der riesenhafte Fuchs – aber auch vor uns.

Plötzlich schossen rote Zacken in den Himmel. Gedämpft hörten wir das Detonieren der Flakgeschütze. Liegnitz war nicht mehr weit. Das Haus des Feldmarschalls von Manstein nahm uns auf. Er war bei Hitler in Ungnade gefallen. Sein Haus beherbergte schon unzählige Flüchtlinge, aber seine Frau schaffte für alle Menschen unseres Trecks noch Platz.

Er brachte die Pferde in der Kaserne unter, in der verwundet gewesene Soldaten die Stellung hielten.

Unter den bei Mansteins gestrandeten Flüchtlingen war ein etwa dreizehnjähriger Junge, Alexander von Rohr. Er hatte seine Eltern unterwegs verloren und war nun ziellos und einsam. Wir nahmen ihn mit. Er wurde der unentbehrliche Helfer, der gute Geist unseres Trecks. In verlassenen Dörfern fand er Eier in leeren Hühnerställen, er spürte Feldscheunen auf, in denen ungedroschene Hafergarben den Pferden zu neuer Kraft verhelfen konnten. Er zeigte uns rechtzeitig Unterschlupf für Pferde und Menschen, wenn sich die Schwärme der Tiefflieger näherten – er hatte einen wachen Instinkt für alle Gefahren.

Bautzen

Eingeschlossen in eine unübersehbare Schlange von Flüchtlingswagen, erreichten wir Bautzen. Auf dem Gehsteig sah ich einen Herrn mit Stock und steifem Hut einhergehen, als mache er in all dem Chaos seinen täglichen Spaziergang. Er erblickte unseren Treck, schritt eine Weile neben uns her und wies uns an, ihm in seine Papierfabrik zu folgen, wo wir Unterschlupf finden würden. Wir erreichten ein fensterloses Fabrikgebäude, aus dem die Arbeiter schon geflohen waren und plündernde Fremdarbeiter Verwüstung angerichtet hatten. Aber die große Halle nahm die Pferde auf, und die fensterlosen Räume enthielten Berge von noch unbedrucktem Zeitungspapier, was für alle, die sich auf dem Boden zur Ruhe legten, Unterlage und warme Zudecke bedeutete.

Der Herr mit dem steifen Hut war Herr Stegemann, der Direktor der Fabrik, der meine gelähmte Mutter und einige Alte und Kranke in sein Haus bat und sie, sowie auch uns, mit warmen Getränken und einigen Brotschnitten versorgte. Für Eckhard, der seinen zweiten Geburtstag hatte, gab es ein halbes trockenes Brötchen, ein fürstliches Geschenk. Und für Sabinchen, die erst fünf Monate alt war, wurde uns eine Schüssel Haferschleim mit richtiger Milch gebracht.

Herr Stegemann sagte uns, er habe geträumt, er müsse einem Treck mit einer Hochzeitskutsche helfen, und habe gewußt, als er unseren Treck mit der Mühnitzer Kutsche kommen sah: «Das sind sie.»

In der Nacht, eine lange Kette Schlafender auf Zeitungspapier, bedeckt mit Bergen von Zeitungspapier, geschah etwas Seltsames: Ich schlief neben Barbara, sie war sechs Jahre alt. Plötzlich erhob sie sich, sagte: «Mutti, der Vati lebt nicht mehr, er ist jetzt im Himmel bei den Engeln.» Sie legte sich wieder hin, schlief weiter. Am nächsten Morgen wußte sie nichts von diesem Ausspruch. Viel später erreichte uns die Nachricht, daß eben dies die Stunde seines

Todes gewesen ist. Der gleiche Tag und die gleiche Stunde, in der eben zwei Jahre zuvor sein Sohn Eckhard geboren worden ist. Damals glaubte ich dem kindlichen Ausspruch noch nicht. Erst Tage später ließ mich ein Traum die Wahrheit und das Geschehen selbst miterleben.

Herr Stegemann hatte es fertiggebracht, uns von einem nahen Hof ein Fuder Rüben in die Halle zu schicken.

Gestärkt von einem kalten Schlaf, zog der Treck am folgenden Morgen weiter. Kurz hinter Bautzen überholte uns ein Motorradfahrer. Er brachte Grüße von Herrn Stegemann und überreichte mir ein Päckchen. Es enthielt 500 Mark, damals eine große Summe, ein Büchlein: «Gedanken sind Kräfte» – ich habe es heute noch – und einen Zettel, darauf stand: «Fahrt nicht nach Dresden, fahrt ins Kloster Marienort.» Wir befolgten die Mahnung. Im Kloster empfingen uns die Mönche, auch die waren von Stegemann benachrichtigt worden und auf unser Kommen vorbereitet. Menschen und Tiere fühlten sich wie im Paradies: Nahrung, richtige Betten, Duschen, Hafer für die im weitläufigen, mittelalterlichen gewölbten Klosterstall untergebrachten Pferde.

In dieser Nacht wurde Dresden bombardiert. Herr Stegemann hatte Feindsender gehört, worauf die Todesstrafe stand, und so den Angriff durch englische Sender rechtzeitig erfahren. Die Warnung an seine Schwiegertochter, die in Dresden mit ihrem kleinen Sohn lebte, kam zu spät. Beide wurden unter Trümmern verschüttet, indes fast gleichzeitig sein Sohn an der Ostfront fiel. Lange nach dem Krieg suchte ich Stegemanns Adresse durchs Rote Kreuz, um ihm endlich danken zu können. Ich fuhr mit dem Fahrrad, Züge gingen nur auf vereinzelten Strecken, die Brücken waren noch gesprengt – und fand ihn in Neustadt an der fränkischen Saale, wo er in einem Nonnenkloster eine «soziale Umerziehung» durchmachte, um Leiter des Oberlinhauses in Berlin zu werden. Ich behielt den Kontakt zu ihm bis zu seinem Tode.

Auf den vereisten Straßen in dem sächsischen Hügelland kamen wir nur langsam weiter. Die Ackerwagen hatten keine Bremsen. Fedko und Iwan gingen neben den Wagen her und steckten Stangen zwischen die Hinterräder, wenn es zu steil wurde. Immer enger wurde die Fahrbahn durch seitlich hochgetürmte Schneemassen.

In einem Gutshof empfing uns das warmherzige Ehepaar P. Meine Kinder erinnern sich noch heute an das Zimmer mit dem großen grünen Himmelbett, in dem alle sechs bequem Platz hatten. Neben allen anderen bekamen auch die beiden Russen ein fürstliches Zimmer zugewiesen. Alle schliefen so lange, daß es heller Mittag war, als der Treck wieder zum Aufbruch rüstete. Ich wollte mich von dem gütigen Ehepaar verabschieden, da erfuhr ich, daß Frau P. sich einem anderen Treck schon in der Frühe angeschlossen hatte. Er lag im Wohnzimmer auf der Couch, zugedeckt mit einer roten Wolldecke, der linke Arm hing herab. Er war tot. Vergiftet. Wir nahmen die Decken aus dem Himmelbett mit, um die Lebenden zu wärmen. Wer würde Herrn P. einmal begraben?

Frau Czekalla war unglücklich über ihre verlorene Gans, die unterwegs, unbemerkt von uns, vom Wagen abgeschnitten worden war. Sie wollte ohne Gans nicht weiter mitkommen.

Es gab eine Treckpost. Sie war geheimnisvoll. Nachrichten verbreiteten sich schneller als heute mit dem Postauto. «Wer ist hier schon durchgekommen? Woher kommt ihr? Wißt ihr etwas von dem und dem aus dem Dorfe W.? Lebt unser Bürgermeister aus D. noch?»

Flüchtende Soldaten wußten manchmal etwas von Angehörigen an der Front, die immer näher rückte, sofern es sie überhaupt noch gab – mancherorts hatten die Russen uns schon überholt. Einmal kehrten wir in dem Gutshof einer Gräfin W. ein. Über einem altertümlichen grauen Feldsteinhof ragte ein hohes, düsteres, unwirtliches Haus empor. Hier waren keine Flüchtlinge.

Das Haus lag abseits der großen Straße, auf der die Opfer des geschichtlichen Verhängnisses ohne Hoffnung dahinströmten. Man wies uns zwei ehemalige Kinderzimmer an, in denen Matratzen waren. Das Haus atmete Pietismus, Frömmigkeit. Die Bewohner waren streng und ernst gekleidet, Verkörperung der unerbittlichen Zeitläufe. Es war der einzige Fluchtort, an dem ich nicht wußte, wo die Russen mit den Pferden untergebracht waren. Man erlaubte mir nicht, hinunter in den Hof zu gehen, um nach ihnen zu sehen. Die Kinder, steif und kalt vom langen Sitzen in den offenen Wagen, turnten auf den Matratzen herum, und meine Kusine turnte mit ihnen, machte Kopfstand und streifte beim Umfallen die Wiege, in der ihr Jüngstes lag, das vor Schreck zu schreien begann.

Eiligen Schrittes kam die Hausherrin herbei, die ganze Gestalt so düster wie das Haus selbst, und verwies den Kindern und uns das Turnen entrüstet: Wie konnten wir turnen, während unsere Männer an der Front waren!

In der Nacht weckte uns Alexander, unser guter Geist (heute bekannter Ingenieur in Japan, der mit beteiligt ist am Bau der Fudschijama-Eisenbahn): «Hier können wir nicht bleiben, es geht gegen unsere Ehre. Auch sind Fedko und Iwan eingeschlossen worden – sie fühlen sich tief gedemütigt –, ich habe den Schlüssel gefunden und sie heimlich befreit. Wir brechen sofort auf.» Als wir in der sternenlosen Nacht die Hauptstraße wieder erreichten, war uns die Wahl des Weges nicht mehr möglich. Eingeschlossen in den Strom Lethe, der unaufhörlich nach Westen drängte, getrieben von einer Gewalt, die die ganze Angst der Menschheit so unaufhaltsam machte. Man konnte nun den Tieffliegern nicht mehr ausweichen, denn der Strom ließ uns nicht los.

Fluchttage sind zeitlos. Die Vergangenheit ist allgegenwärtig. Man lebt noch in ihr, was hier unaufhaltsam im großen Strom nach Westen getrieben wird, das sind nur Körper, die zu überleben trachten. Gegenwart bedeutet «Angst» – Zukunft ist geheimnisvoll, undurchdringlich, verhangen, läßt aber einen vergoldeten Schimmer Hoffnung durch den schweren schwarzen Vorhang blicken.

In Riesa hatten wir die Elbe überquert, eine Holztafel am Geländer hatte den Flüchtenden den Ausruf entlockt: «Gerettet!» Daß Russen jemals die Elbe überschreiten würden, schien damals unmöglich, obschon sie uns doch schon auf den Fersen waren. Ich erinnerte mich an einen Onkel, der in der Nähe ein Gut hatte, zu dem auch eine noch privat geführte Eisenhütte gehörte. Unschlüssig hielt der Treck hinter der Elbebrücke: «Gerettet.» Die Kraft zum Weitertrecken hatte uns alle verlassen. Treckpost teilte uns mit, daß Kusine Annemarie aus Steffansdorf von Tieffliegern erschossen worden war, als sie am Grabenrand rastete. Großmutter Gilgenheim mit Annemaries Sohn Alhard, ein Jahr alt, stieß bald darauf zu uns und blieb bei uns bis zum Schluß der Flucht.

Ratlos standen wir an der Brücke. Die Luftherrschaft, die die Alliierten inzwischen gewonnen hatten, zeigte sich in einem Geschwirr von Tieffliegern, die auf alles schossen, was sich bewegte, und in Bomben, die auf Riesa fielen, auch am Tage. In dem dichtbesiedelten Land Sachsen gab es kaum noch Unterschlupf oder

Versteck, es war klar: Wir mußten uns teilen. Hans war ausgestiegen, für ihn hatte das «große Abenteuer» begonnen. Ich hob ihn auf mein Pferd, so konnte er besser sehen, wie die Eisschollen auf der Elbe trieben und zwischen ihnen aufgeblähte Leiber von Hunden, Katzen, eine Kuh – alles rollte und kugelte in rasender Eile mit der Strömung dahin. Das Gut des Onkels war nicht weit von Riesa, als Kind war ich einmal dort gewesen.

Am Stützpfeiler verfing sich die Kuh und wurde hilflos auf und ab getragen.

«Kann man die Kuh noch essen?» fragte Hans – niemand wunderte sich über die Frage.

Der Himmel hing jetzt voll bleigrauer Schneewolken. Die Luft war bedrückend still.

«Es gibt Schneesturm», sagte Iwan.

Im gleichen Augenblick stürzten nasse, dicke Schneeflocken auf uns nieder, begannen wild zu wirbeln und Weg und Steg und jegliche Richtung unkenntlich zu machen. Wie von Zauberkraft getrieben, strebten die Pferde fast unaufhaltsam in eine bestimmte Richtung, obschon nicht einmal zu erkennen war, ob wir uns auf einem Weg befanden oder auf freiem Feld. Doch es tauchten Menschen auf, die im Sturm ihren Häusern zustrebten, einen Sack über Kopf und Gesicht haltend, indes die Krähen von den Bäumen gefallen waren und im inzwischen hohen, nassen Schnee wie angewurzelt festsaßen. Wir waren auf dem Gutshof Seerhausen bei Onkel Hugo von Fritsch in scheinbarer Sicherheit, doch fielen ringsum Bomben bei Tag und bei Nacht, und auf dem Bahnhof in Riesa sah man die von Brandbomben getroffenen Züge brennen.

Onkel Hugo

Die Kinder spielten in der hellen, von Februarsonne bestrahlten Diele von Seerhausen, während eine schicksalschwere Beratung stattfand. Wer sollte versuchen, mit der Bahn weiterzukommen, wer mit dem Treck, das heißt, Treck konnte nicht mehr stattfinden – Trennung mußte es heißen. Einzelne Wagen sollten weiterschleichen, nur nachts fahren, um den Tieffliegern kein Ziel zu bieten. Wrackteile der zerbombten Waggons lagen entlang der Schienenstränge.

Die Alten, die meinten, ihr Leben gälte nicht mehr viel, wollten versuchen, einen heilen Zug zu finden, der sie mitnahm. Die Mütter und Kinder sollten mit Pferden fahren, sie hatten, so glaubte man, die größere Chance.

Ich konnte nicht an irgendeine Chance für die Alten glauben, und ich fürchtete mich vor der Tatsache, die älteste Generation zu sein – allein die Verantwortung für die vielen Leben zu haben.

Waren die Alten auch kaum noch körperlich tätig gewesen auf dieser langen Reise, so war es doch ihre von Glauben durchleuchtete innere Kraft, die uns alle gestärkt und geleitet hatte – und ihre Selbstlosigkeit. Selbst Buchwalds hatten sich – ungeachtet des gebrochenen Beins – schon vor Riesa abgesetzt, um den Treck nicht weiter zu belasten und eventuell zu verlangsamen.

Großmutter Gilgenheim verdrängte die Trauer um ihre Tochter und um ihren Schwiegersohn und lebte mit ganzer Seele für das Waisenkind Alhard. Ihre Herzensstärke verlieh ihr ungeahnte Kräfte, konnte sie doch das Kind, solange die Mutter lebte, nicht einmal hochheben. Jetzt trug sie ihn, wickelte ihn, alles, als wäre es ein leichtes.

Onkel Hugo, groß, hager und vornehm, mit rötlichem Haar und gepflegtem Schnurrbart, immer elegant, auch im Arbeitsgewand, war die Verkörperung des gelassenen Edelmannes.

Die Fremdarbeiter auf seinem Hof waren aufgehetzt durch von

Osten hergetriebene russische Gefangene. Ihre Bewacher waren geflohen. Sie hatten die Parole ausgegeben: «Verlaßt den Kapitalisten! Stalin gibt euch vier Morgen Land und eine Kuh.» (Das war in irgendeinem Sender zu hören gewesen, und sie glaubten es.)

Onkel Hugo tat, als bemerke er keinen Aufruhr, und versuchte, durch scheinbar völlige Unberührtheit von der Stimmung der Leute die Arbeit weiterzuführen. Solange unser Treck in Seerhausen weilte, schien ihm das auch zu gelingen.

Mit der gleichen vornehmen Gelassenheit empfing er die bald nachfolgenden Russen auf der Schwelle seines Hauses. Doch sein Aussehen genügte, um ihn als «Intellektuellen» und als «Kapitalisto» abzustempeln. Mit der gleichen Gelassenheit starb er – von der Kugel eines Russen getroffen.

Königsbrück

Die Stadt Königsbrück in Sachsen war vermint. Es gab in der Stadt kein Wasser und kein Brot mehr. Die Minen lagen da – unsichtbar, um die Flüchtlingstrecks auf Umwegen um die Stadt herum zu zwingen, damit die Bewohner verschont blieben. Ohne Wasser – in überfüllten Orten brechen Seuchen aus. Wie der Reiter über dem Bodensee hatten wir bereits den Minengürtel passiert. Hinter uns detonierte eine Mine, eines der Pferde des Generals B. war das Opfer. Der General befand sich mit seinem Burschen und drei Pferden auf der Flucht, immer noch mit eleganter Uniform und Offizierskoffern. (Auch seine Frau war bei ihm.)

Gleich am Stadteingang lag, noch unzerstört, ein gefängnisartiger Backsteinbau – die Kaserne. Auf ein Quartier hoffend, fuhren wir sogleich in den Kasernenhof. Die Soldatenzimmer waren leer, keine Betten, Stühle oder Spinde waren darin. Die ausgebombte Bevölkerung hatte geholt, was sie brauchen konnte. Nur in einem Gebäude waren Menschen. Wenige Fahnenjunker, geführt von dem verwundeten Oberstleutnant von Meyer, dem ehemaligen Kommandeur von Gerd, warteten auf ihren Einsatzbefehl. Es gab noch eiserne Bettgestelle mit dem Drahtrand ohne Matratzen, es gab einen Stuhl und einen Tisch mit Feldtelefon. Daran saß Oberstleutnant von Meyer und hielt Verbindung mit seinem Regiment in Ungarn. Er schaffte sofort Quartier für die Pferde in den leeren Stallungen, aber es gab kein Wasser für die durstigen Tiere, auch konnten wir für die Kinder kein warmes Getränk bereiten, wir mußten so rasch wie möglich weiter – aber wohin?

Meine Kusine bat Meyer zu versuchen, mit dem Regiment in Ungarn Kontakt zu bekommen und zu fragen, ob ihr Mann noch lebe. Meyer versuchte es, ich hörte, wie er – es schien mir mehr als ein Wunder – mit ihm selbst sprach, und ich sah, wie die Augen meiner Kusine groß und strahlend wurden. Sie drückte ihr Baby an die Brust und verließ den Raum.

Ich sagte schüchtern: «Und nun fragen Sie nach Gerd.»

Er tat es, und ich hörte, wie er sagte: «So? – Ach.»

Er drehte sich um, reichte mir eine Flasche Kognak, die unter dem Tisch gestanden hatte, und eine kleine Pistole mit sieben Schuß. Da wußte ich: Es war wahr, was Barbara in der Nacht in Bautzen in der Papierfabrik geträumt hatte. Ich steckte die Pistole ein und behielt sie, aber ich benutzte sie nicht, wie er, der nirgends mehr Hoffnung sah, erwartet hatte. Gerds Vermächtnis bedeutete für mich, die Kinder zu retten.

Waldheim an der Zschopau

Eine heile Stadt – kein zerstörtes Haus, keine Bombentrichter –, eine Brücke schwang sich in einem Bogen über den Fluß, das eiserne geschmiedete Geländer wie Filigran. Fremde Trecks hielten schon auf der Brücke, nun auch wir, geblendet von dem roten Licht der Abendsonne, das funkelnd auf den Eisschollen des Flusses lag, der ruhig und geheimnisvoll unter uns dahinfloß. Die Lichtstrahlen brachen sich auf dem Eis und wurden zurückgeworfen, wie Tausende goldener Pfeile zerteilten sie die Luft und gaben uns mit ihrem Glanz Trost und Stärke.

Ein weißes Laken war am Geländer befestigt – mit roter Farbe war ein Pfeil darauf gemalt: «Raum für Flüchtlinge».

«Raum», ein tröstliches Wort – wir erreichten eine Schule, warm. Sauberes Stroh war ausgebreitet, noch war der Raum fast leer, ein jeder konnte sich einen Platz suchen und ruhen. Alexander versprach, mit Fedko und Iwan ein Obdach für die Pferde zu suchen. Wind war aufgekommen, und die Abendröte wurde von Schneewolken vertrieben. Ich gab Alex die Pistole, instinktiv fürchtete ich für ihn eine Gefahr, denn es war üblich geworden, daß derjenige, der einen Auftrag hatte, die Waffe bei sich führte.

Alexander fand einen Gemüsehändler, der einen großen Schuppen besaß, fast leer. Etwa zwölf Köpfe Rot- und Weißkohl lagen noch darin. Alexander bat den Händler um Quartier, der sagte es zu. Im gleichen Moment drang ein Trupp russischer Gefangener in den Schuppen und bemächtigte sich der Kohlköpfe.

Die ausgehungerten, versprengten Menschen bissen wie hungrige Tiere in das rohe Gemüse. Der Händler schlug wild mit Fäusten auf einen der Russen ein, andere versuchten, ihn zu verteidigen. Alex zog die Pistole und ließ die Streitenden die Waffe sehen. Die Russen zogen ab, teils mit, teils ohne Kohlköpfe. Der Händler gab uns den Schuppen.

Nachts, wir lagen nebeneinander auf Stroh, der Ofen war ausgegangen, alle rückten dicht zusammen. Ich spürte, wie jemand unter meine Decke kroch und sich an mich klammerte. Es war Iwans Sohn Peter, der im Schlafe «Matka, Matka» murmelte.

Einige von uns gingen am folgenden Morgen in die Stadt, um Lebensmittelmarken für Flüchtlinge aufzutreiben. Zuweilen konnte man Brot und Milch dafür bekommen. Von weitem sahen wir einen Trupp Gefangener auf der Brücke in Richtung Osten. Iwans jüngerer Sohn Michel rannte wie besessen auf die Russen zu und schloß sich ihnen an. Iwan rief, rannte, flehte, Michel löste sich nicht von dem Trupp. Iwan bat mich um die Waffe. Lieber wollte er seinen Sohn erschießen, als ihn in die Hände der Stalin-Armee fallenzulassen. Ich gab ihm die Waffe nicht. Wieder war es Alexander, dem es gelang, Michel zur Umkehr zu bewegen. Noch einmal war es gelungen – wir sollten später noch viel Kummer durch Michel erleben.

Beichlingen

In Sömmerda und Kölleda in Thüringen standen die Munitionsfabriken still. Innerhalb des mit Stacheldraht eingefaßten Geländes herrschte graues Schweigen. Schneematsch sickerte durch die Zäune, in die menschengroße Löcher geschnitten waren. Die Fremdarbeiter, die in den Fabriken beschäftigt gewesen waren, hatten sich plündernd in die Städte begeben und sich mit der Munition, die sie hergestellt hatten, bewaffnet. Außer den bleichen Gestalten, die vor allem die Bäckerläden ausräumten, sah man keine Menschenseele auf den Straßen. Obwohl ein innerer Kompaß uns, niemand wußte warum, an einen unbekannten Ort nach Westen führte, kamen mir die Plünderer weit bedauernswerter vor als wir selbst. Keinen Augenblick dachten wir an eine Gefahr durch sie. Als ich sah, wie sie gierig in verhärtete Brotlaibe bissen, hielten wir. Der Gemüsehändler in Waldheim hatte uns einen Sack mit sandigen Mohrrüben geschenkt, den wir als kostbare Reserve mit uns führten. Niemand hatte daran gedacht, daß sie erfrieren würden.

Wir gaben den herumirrenden Polen und Holländern den Sack. Ohne Streit teilten sie den schon halb erfrorenen Inhalt. Als ein alter Holländer seine ergatterten Möhren nahm und an die abgemagerten Pferde verteilte, sah ich Fedko und Iwan an. Sie weinten. Die Kinder sahen es, die Mütter in den Wagen sahen es, plötzlich wurden wir alle vom Weinen geschüttelt. Alexander saß – zum erstenmal wie vom Schicksal besiegt – weinend am Straßenrand, das Gesicht in den Händen verborgen: «Wo sollen wir denn eigentlich hin?!» rief er wütend. «Wohin?» Etwas pathetisch, aber mit heiligem Ernst und überzeugt sagte ich: «Gehe hin in ein Land, das ich dir zeigen werde.» Seltsamerweise schenkte jedermann den biblischen Worten Glauben, und es ging weiter.

Vor uns her zog der Winter davon. Der Vorfrühling trieb seine blauen Wolken über den Himmel. Von den auftauenden Ebenen wehte ein warmer Luftstrom zu den Bergen des Thüringer Waldes hinauf. Er brachte den Frühlingsduft der Erde mit. In den Bergen schmolz das Eis. Bäche stürzten brausend abwärts. Unter den hohen Tannen seitlich des Weges wurde es lebendig. Tiere, vom Winterschlaf erwacht, äugten neugierig in die junge Welt. Ihre neu erwachte Lebensfreude teilte sich uns mit. Es kam uns vor, als führen wir einfach als Zigeuner in die weite Welt. Wo die Tannen sich lichteten, tat sich eine zauberhafte Welt dem Blicke auf. Im lichten, durchsichtigen Dunst lag eine weite Ebene, aus der im Westen ein einzelner Berg aufstieg, gekrönt von einem grauen Schloß. Irgendwo wieherten Pferde, Vögel zogen über den Himmel, und plötzlich riefen sie mit ihren hellen und schrillen Stimmen das Heimweh in uns wach. Wir hielten und ließen unseren quälenden Gedanken freien Lauf.

«In der Ukraine schmilzt jetzt der Schnee», sagte Iwan, «und über den Dnjepr ziehen die Kraniche in dem blauen Dunst dahin und schauen, ob schon unsere schwarze Mutter Erde unter dem Schnee auftaucht.»

«Sind wir jetzt gleich zu Hause?» fragten die Kinder. Ihre Fragen ließen uns gemeinsam den Entschluß fassen, das graue Schloß zu stürmen. Im Frühling vergaß man leichter, ein Quartier zu suchen; wenn Hunger und Durst nicht gerade übermächtig waren, so nahm einen das Wunder der befreiten Erde auf, und man trieb als Glied in der Kette der Millionen Lebewesen im Frühlingsstrom dahin.

«Sehet die Vögel unter dem Himmel an, sie säen nicht, sie ernten nicht, und unser himmlischer Vater nährt sie doch.»

«Nur Mut», sagte Alexander, und wir hielten auf den einzelnen Berg zu. An seinem Fuß angelangt, stieg alles von den Wagen, um den Pferden den Aufstieg zu erleichtern. In die grauen Schloßmauern war ein breites Tor eingelassen, dessen Flügel weit offenstanden. Wir passierten einen umfriedeten rechteckigen Platz, der, seitlich gelegen, einst Ritterspielen gedient hatte. In des Hofes Mitte beherbergte ein gefängnisartiger Bau russische Gefangene, bewacht von zufrieden, satt und schläfrig blickenden Soldaten. Es war viel Platz in dem Hof, die Wagen fielen kaum ins Gewicht. Eine freundliche junge Hausherrin kam heraus, auch ihr Mann hatte im Osten gekämpft, und sie wußte von ihm nichts.

Obwohl schon reichlich besetzt mit Flüchtlingen, fand sie noch

Quartier für Menschen und Pferde, und es kam nicht sogleich die sonst übliche Frage: «Aber morgen früh fahrt ihr doch wieder weiter?»

Und doch sollten wir gerade in Schloß Beichlingen die härtesten Prüfungen erfahren. Aus den Fenstern der beiden Turmzimmer, in denen für den zusammengeschmolzenen Treck Matratzenlager hergerichtet waren, sah man weit ins Thüringer Land. Doch hockten wir meist dicht zusammengedrängt inmitten des Raumes, um nicht von den Geschossen der Tiefflieger getroffen zu werden, die fast pausenlos das Schloß mit seinem Turm umflogen, wie einst die Raben Barbarossas Berg.

In der ersten Nacht begannen alle Kinder gleichzeitig zu husten, und es zeigte sich bald, daß es Keuchhusten war. Auf keinen Fall konnten wir weiterziehen.

Es schien, als mache es den jungen Fliegern Spaß, gerade das einsame Schloß mit seinem Turm aufs Korn zu nehmen, aber die mittelalterlichen Feldsteinmauern hielten den Geschossen stand, nur Dach und Fenster wurden laufend beschädigt, und Dachziegel, die vom Turm herabfielen, gefährdeten die Vorübergehenden.

Es zeigte sich, daß auch «unser» General, dessen Pferd auf der Mine vor Königszelt umgekommen war, mit seiner Frau, seinem Burschen und seinen Koffern in Beichlingen gelandet war. Er redete dauernd davon, daß ein Flakgeschütz dringend herbei müsse, aber es gab keine Front mehr, keine deutschen Geschütze mehr, es gab ja auch ihn nicht mehr dort, wo er eigentlich hingehörte.

Meist lebte ich mit den Kindern im Keller, um die Erkrankten nicht dauernd das Geknatter der Maschinengewehre hören zu lassen, auch waren die Fenster inzwischen zerschossen, und es war vielfach noch windig und kalt.

Wenn wir länger hier ausharren müssen, so muß ich eine Arbeit finden, muß Geld verdienen – gegen gutes Geld gibt es hier und da schon Milch, Eier, Brot bei den Bauern. Die Bewirtschaftung ist im allgemeinen Chaos untergegangen. Schon beginnen erste Ansätze vom Schwarzhandel. Ich gehe zum Dorflehrer und frage, ob eine Schulhelferin gebraucht wird.

«Ja», meint der uralte Reservelehrer, «gebraucht schon, aber wir halten schon lange keine Schule mehr wegen der Flieger. Die Kinder sind auf dem kurzen Schulweg in ständiger Gefahr.» Ich gehe zur Geflügelfarm. Dort darf ich für zwei Stunden täglich Eier sortieren und bekomme dafür zwei Mark. Dafür kann ich Milch und Brot kaufen. Einige Knickeier schenkt mir die Farmerin. Die 500 Mark von Herrn Stegemann hatten uns allen bis hierher geholfen, jetzt sind sie verbraucht. Die zwei Mark Tageslohn sind die Hilfe, die benötigt wird.

Eines Tages sehe ich auf dem Heimweg von der Farm das Häuflein Gefangener aus dem Gefängnisbau im Schloßhof den Berg herabkommen. In lockerer Ordnung, zerlumpt, vermummt ziehen sie davon, ein Kosakenlied singend, wenn man das noch Singen nennen kann, was die rauhen Stimmen aus geschwächten Kehlen hergeben. Aber wer läuft denn da dem Haufen voraus? Wer singt laut mit noch ungebrochener Stimme? Es ist Michel, den wieder einmal «der Ruf der Heimat» gelockt hat und der den armen, irregeleiteten Wanderern ins ungewisse Nirwana folgt. Ich laufe dem Schlosse zu, kämpfe gegen einen aufkommenden Sturm, muß Iwan berichten, wohin sein Sohn soeben ausrückt – wieder einmal ausrückt. Wo sind die Wachsoldaten? Gibt es sie nicht mehr? Iwan stürzt den Berg hinunter und verschwindet in der anbrechenden Dämmerung. Der Sturm beginnt jetzt zu rasen wie ein Hengst und wirft sich in wilden Schwallen über Iwan, fährt sausend durch das Häuflein Gefangener, das Iwan gerade erreicht, als schwarz die Nacht anbricht.

Wir anderen sitzen im Keller, selbst hier unten hören wir, wie der Sturm heult, wie er sausend dicht an der Hauswand vorbeifährt. Noch immer sind die Kinder von Hustenkrämpfen geplagt, Sabinchen ist am schlimmsten erkrankt, weint ständig und ruft dadurch neuen Husten hervor. Friedel hat Zwiebeln gekocht und mit Zucker den Saft eingedickt. Das schmeckt grauenhaft, aber es hilft.

Wie Iwan seinen Sohn strafte

Und Iwan kehrt zurück, das Handgelenk seines Sohnes hat er fest umklammert. Soviel Michel auch zerrt, sich windet und krümmt, der Vater hält eisern fest. Seine Kraft ist gewaltig. Und so geht es die Treppe hinauf, immer höher, bis in den Turm. Da schleudert er den Jungen auf die hölzerne Bank, daß es kracht, geht selbst rückwärts hinaus und schließt ab. Den Schlüssel nimmt er mit.

Nach einer Weile hören wir Schreie von der Straße her – es ist eigentlich keine Straße, mehr ein geschotterter Fußweg, der rings um das Schloß und weiter in Schlangenlinien bis hinunter ins Dorf führt. Was ist geschehen? Michel ist aus dem Turmfenster aufs Dach geklettert und wirft Dachziegel hinunter – wer dort unten geht, kann leicht getroffen werden. Iwan eilt hinauf (noch nie habe ich ihn anders als bedächtig gehen sehen), Michel verharrt auf dem spitzen Turmdach – er außen – der Vater innen. Erst als es zu dämmern beginnt, verlassen den Jungen die Kräfte; er gleitet bis zum Fenster, jetzt kann ihn der Vater hereinholen. Nicht genug der Strafe – Iwan hat noch etwas im Sinn:

Tritt man aus der Turmtür, so überquert man einen Dachboden, überspannt von einem Balkengeflecht. An solch einem Balken hängt er den an den Händen gefesselten Sohn an eben diesen Händen auf. (Hat er es nicht von den HJ-Führern gelernt?) Er knüpft das Seil gerade so, daß die Füße dicht über dem Boden schweben, aber ihn doch nicht berühren. Der geschwächte Michel wehrt sich nicht mehr. Iwan geht hinunter, läßt den Sohn so allein – jetzt hören wir das bekannte Brummen der Tiefflieger. Ich eile in den Keller, wo Friedel schon mit den Kindern Schutz gesucht hat. Ich sehe: Alle sind beisammen, hier unten hört man kaum das Knattern der MGs von den Fliegern her – aber Michel hängt da unter dem Dach, ausgesetzt den Einschlägen. Iwan will ihn nicht losbinden. Er erwartet ein Gottesurteil. Ich aber kann das nicht erwarten, ich eile hinauf, den unglücklichen Knaben loszubinden, abzuschneiden, rasch habe ich ein Küchenmesser mitgenommen. Ich sehe neue Löcher im Dach, durch die das Tageslicht schimmert. Doch da geschieht etwas Merkwürdiges: Michel tritt nach mir, ich sehe seine blaugeschwollenen Hände – lange kann er so nicht mehr hängen – nur der Vater soll ihn abschneiden – nur der Vater selbst – er soll ihm verzeihen, der Sohn will den Beweis. Bedächtig kommt jetzt Iwan heraufgestapft, sieht die frischen Dachlöcher, eines ganz dicht neben Michels Kopf. Da umfaßt er den Leib des Sohnes, schneidet die Stricke durch, massiert die armen Hände, hebt ihn auf seine Arme – Gott hat gesprochen, alles ist gut – und trägt ihn hinunter und bettet ihn. Der Sohn trägt ihm nichts nach – auch er hat das Gottesurteil angenommen.

Aufbruch und Ankunft

An einem frischen Frühlingsmorgen, der einen durch Glanz und Schimmer mit neuer Hoffnung erfüllte, ging ich mit Alexander zur Farm. Er begleitete mich jetzt zum Eiersortieren, bekam auch zwei Mark, jetzt hatten wir vier Mark für einen Tag. Der Weg führte durch ein lichtes Gehölz. Da hörten wir den Ruf der Schnepfe, über den Wipfeln sahen wir sie streichen.

«Auch wir müssen weiter», sagte ich zu Alex. «Ich muß eine Arbeit finden, die die Familie ernährt, und du mußt etwas lernen.»

«Ich werde Kundschafter sein», sagte Alex. «Ich werde ein Rad borgen und nach Westen fahren. In Kölleda sagten Sie zu uns allen: ‹Gehe hin in ein Land, das ich dir zeigen werde›, vielleicht kann ich dieses Land finden.»

Und schon drehte sich Alexander um und war bald meinen Blikken entschwunden.

Lange warteten wir auf seine Rückkehr. Sein Weg war voller Gefahren: Desertierte Soldaten, die sich in verschiedenstem Räuberzivil in den Wäldern verbargen, plündernde Zwangsarbeiter aus den geschlossenen Fabriken, halbverhungerte Gefangene, immer noch Flüchtlingstrecks bewegten sich auf den Straßen. Das Rad hatte man ihm bald fortgenommen, so wanderte er zu Fuß in westlicher Richtung oder ließ sich von einem Flüchtlingswagen mitnehmen.

Als Alexander endlich zurückkam, hatte er etwas gefunden. Ein Gehöft in Hessen mit einem von Flüchtlingen noch nicht überfüllten großen Haus, in dem es leere Zimmer gab, so hatte es ihm der Bürgermeister versichert, und eine Landwirtschaft, in der Arbeitskräfte fehlten. Dort würde man arbeiten können. Das Land Thüringen sollte russisch besetzt werden, hatte er unterwegs in irgendeinem Radio gehört.

Während seiner Abwesenheit hatte ich einen Traum: Ich sah im Halbdunkel eine hügelige Heidelandschaft – ein Schlachtfeld, einen See. Eisschollen türmten sich auf ihm, man hörte es tosen und brodeln. Soldaten flohen über das Eis, dann und wann verschwand einer im Eisloch, andere stürzten, von einem Geschoß getroffen, stolperten über die spitzen Eiszacken und verschwanden im Dunkel. Ich sah Gerd auf einer Bahre liegen. Ein weißes Tuch bedeckte seine Brust. Zwei Soldaten in der schwarzen Panzeruniform trugen die Bahre und schoben sie in ein altertümliches Lastauto und fuhren davon.

Erst viel später erfuhr ich, daß Gerd in dieser Nacht gefallen war, und geradeso, wie ich es geträumt hatte.

Nun hielt mich nichts mehr – von nun ab blieb ich von innerer Unrast erfüllt. Mit ihm hatte ich auch meine Heimat verloren. Es war schwer, mit so vielen Menschen aufzubrechen. Würde man durchkommen durch das Chaos, das sich auf den Straßen bewegte? Da kam eine Kolonne zivil und prächtig aussehender Autos aufs Schloß gefahren und bat um Quartier. Der «Chef» dieser Gruppe war ein Verwandter, der Akten vom Auswärtigen Amt nach Bayern in Sicherheit bringen sollte.

«Könnt ihr uns nicht mitnehmen?»

«Unmöglich, wir müssen die Akten retten.»

«Akten sind also wichtiger als Kinder. Was für eine Zeit», dachte ich.

Später Schnee war gefallen und hatte die Straße glatt und unwegsam gemacht. Meist gingen wir zu Fuß (nur meine gelähmte Mutter und die Kinder blieben im Wagen), um den Pferden das Gehen in dem bräunlichen Schneematsch zu erleichtern. In Mühlhausen in Thüringen begegnete uns ein stattlicher älterer Herr in eleganter Friedenskleidung. Sein Auto hatte er abgestellt. Nur kriegswichtige Personen fuhren zu der Zeit Autos. «Also ist dies eine kriegswichtige Persönlichkeit», dachte ich und staunte nicht wenig, als der Herr längere Zeit neben uns herschritt und abwechselnd Menschen und Pferde mit prüfendem Blick betrachtete. Es war der in Hessen unentbehrliche Pferdehändler Pfifferling. Ohne ihn wäre vermutlich die Landwirtschaft in Hessen zusammengebrochen. Darum wohl auch hatte er als Nichtarier einen Göring-Paß. Sein Geschäft blühte trotz allem.

Auf unsere Pferde, die dank Alexanders Organisationstalenten leidlich noch im Futter waren, hatte er es abgesehen. Er wollte sie vom Fleck weg kaufen. Dann aber sagten wir ihm, daß wir noch nicht am Ziel wären – hatten wir überhaupt ein Ziel? Ja, das unbekannte biblische Land.

Ein Wegweiser tauchte auf. Kassel. Zu Hause hatte man gesagt: «Ab nach Kassel», wenn jemand ein wenig geistig behindert war, oder man hatte sich über jemanden geärgert.

Als wir noch unschlüssig an der Wegkreuzung standen, kam eine Bäuerin auf uns zugelaufen und schenkte uns eine riesige Wurst. Das war das Zeichen. Die Richtung hieß: «Ab nach Kassel.»

Jetzt holte uns der echte Pferdeliebhaber, der Händler Pfifferling, ein. «Fahrt in Richtung Wanfried, es liegt unzerstört am Fuße des Eichsfeldes. Hinter der Grenze nach Hessen liegt mein Hof. Ich fahre voraus und sage meiner Frau, sie soll einen großen Kessel warme Suppe kochen.»

Und so geschah es! Naß und verfroren erreichten wir nach gefährlichem Rutschen auf der gesamten Strecke bergab den gastlichen Hof. Die Pferde kamen in einen richtigen Stall – dampfende, heiße Erbsensuppe für uns alle – Milch für die Kinder. Herr Pfifferling hatte eine Kuh, eine warme Stube, ein Badezimmer. Die Familie Pfifferling hatte uns eine unschätzbare Rast beschert.

Als wir schließlich den Aufbruch wagten zu dem vom Bürgermeister so gepriesenen «Gehöft in Hessen», da waren wir voller Hoffnung. Immer glaubte ich, an jedem unbekannten neuen Ort würde uns ein Wunder erwarten. Noch hatten wir nicht erfahren, daß ein Mensch, der nichts mehr besitzt, ein Ausgestoßener ist, einem Bettler gleich, vor dem man gern die Türen verschließt. Die wenigen, die den Flüchtling als Menschen sehen und nicht als Schuldigen, sie werden häufig zu Freunden, man sieht es gleich: Dieser versteht dich, ohne Worte, er weiß, wie es ist, er sieht das Schicksal, er ist ein Gleichgesinnter – und unter diesen wenigen waren die Helfer am Bau des zweiten Lebens, das wechselvoll und reich an Abenteuern auf dem «Gehöft in Hessen» begann.

Inhalt